FLOWER BOOK
by Lejardin

플라워 북 바이 르자당

플로리스트를 위한 가이드북

박서인 지음

플라워 북 바이 르자당

플로리스트를 위한 가이드북

Copyright ©2024 by Youngjin.com Inc.
401, STX-V Tower, 128, Gasan digital 1-ro, Geumcheon-gu, Seoul, Republic of Korea 08507
All rights reserved. No part of this book may be reproduced or transmitted in any form or by any means, electronic or mechanical, including photocopying, recording or by any information storage retrieval system, without permission from Youngjin.com Inc.

ISBN : 978-89-314-6745-1

독자님의 의견을 받습니다.
이 책을 구입한 독자님은 영진닷컴의 가장 중요한 비평가이자 조언가입니다. 저희 책의 장점과 문제점이 무엇인지, 어떤 책이 출판되기를 바라는지, 책을 더욱 알차게 꾸밀 수 있는 아이디어가 있으면 팩스나 이메일, 또는 우편으로 연락주시기 바랍니다. 의견을 주실 때에는 책 제목 및 독자님의 성함과 연락처(전화번호나 이메일)를 꼭 남겨 주시기 바랍니다. 독자님의 의견에 대해 바로 답변을 드리고, 또 독자님의 의견을 다음 책에 충분히 반영하도록 늘 노력하겠습니다.

이메일 : support@youngjin.com
주 소 : (우)08507 서울특별시 금천구 가산디지털1로 128 STX-V타워 4층 401호 (주)영진닷컴 기획팀
등 록 : 2007. 4. 27. 제16-4189호

파본이나 잘못된 도서는 구입하신 곳에서 교환해 드립니다.

STAFF
저자 박서인 | **총괄** 김태경 | **기획** 최윤정 | **디자인·편집** 유채민
영업 박준용, 임용수, 김도현, 이윤철 | **마케팅** 이승희, 김근주, 조민영, 김민지, 김진희, 이현아
제작 황장협 | **인쇄** 제이엠

To.
독자 분들께

꽃집을 오픈한 첫날부터 100송이 꽃다발 주문이 들어왔다. 지인의 첫 주문이라 잘하고 싶은 마음은 큰데, 100송이는 처음 잡아 보는 데다가 잡으면 잡을수록 모양은 엉성하니 이 주문 하나를 가지고 온종일 발만 동동거렸던 기억이 난다.

맘에 들지 않는 꽃을 쥐었다 놓았다 몇 번을 반복한 끝에 고객에게 보냈고 이내 속상한 마음이 먹구름처럼 몰려왔다. 지금처럼 정보가 원활하게 교류되던 시기가 아니라 생각지도 못한 주문이 들어올 때면 마음을 쓸어내리는 일들이 종종 생겨났다. 그때마다 창업에 관한 내용만 다루는 긴 코스의 수업이 생기면 좋겠다는 마음이 간절했다.

이 책에서는 그 동안 꽃집을 운영하면서 꼭 배워야 할 주문이나 한 번쯤 이해하고 가면 좋을 내용들을 담았다. 잡는 꽃, 꽂는 꽃, 가드닝, 웨딩 및 기타로 분류하고, 창업을 쉽게 생각하고 준비하는 이들에게 꼭 전하고 싶은 메시지를 간결하게 정리했다.

누군가는 '돈을 좇지 마라. 내가 좋아하는 일을 즐겨라.'라고 말한다. 어느 정도 일리가 있는 말이다. 그러나 꽃 업계에서 일을 오래 하다 보니 좋아만 한다고 덜컥 접근하기에는 체력도 돈도 잃는 게 많은 직업이다.

좋아하는 일을 행복하게 오래 하려면 역시 체력과 금전이 함께 따라야 한다. 창업을 준비하는 플로리스트 혹은 그 꿈을 향해 달려가는 이들이 이 책을 통해 현명하고 지혜롭게 준비하기를 바라 본다.

Prologue

꽃을
시작하게
된 계기

꽃 키우는 일이 자식 키우는 것만큼이나 재미나다고 입버릇처럼 말씀하시던 할머니는 계절마다 다른 꽃들로 집안의 분위기를 바꾸셨다. 봄 내음이 나는 날엔 개나리를 한 움큼 쥐여 주셨고, 무섭게 더운 여름엔 나팔꽃을 구해 화병에 꽂아 두곤 하셨다. 가을엔 집 앞 작은 텃밭에 핀 코스모스가 나를 반겨 주었고, 코끝이 시린 겨울엔 한없이 빨간 동백꽃이 내 마음을 감쌌다.

한창 감성적인 나이, 19살. 캐나다에 계신 작은아버지 댁에 놀러 갔다가 자연 그 자체에 빠져 버렸다. 주말 마켓에서 본 이색적인 꽃들과 알뿌리, 유난히 아름다웠던 외국의 정원, 주말이면 으레 정원 가꾸기에 열심이던 사람들, 한없이 큰 나무와 높고 파란 하늘. 어쩌면 우리 집만큼 꽃이 많은 집은 없을 거라고 자신했던 나는, 자연이 생활 곳곳에 묻어난 그들의 문화를 보고 적지 않은 충격을 받았다. 이제껏 보지 못한 규모의 화단과 다양한 꽃을 보며 그 자체에 매료되어 버렸고 꽃에 더 큰 관심을 가지게 되는 계기가 되었다.

책을 내겠다고 다시 마음을 먹은 날,
오랜만에 여유를 갖고 지난 폴더를 뒤적였다.
카메라로 수도 없이 담아낸 사진들을 찾아본다.
지나간 사진들을 다시 꺼내어 보는 일은 극히 드물다.
한 장 한 장 세월이 스쳐 간 사진들을 보고 있자니
연신 웃음이 새어 나왔다. 처음 꽃을 잡던 때도 떠올랐다.
꽃잎이 떨어질까 가슴이 아리고,
스치는 이야기에 겹겹이 물들던 지난날들.

이후 여느 사람들처럼, 대학을 졸업하고 평범한 회사 생활을 했다. 비교적 자유롭던 대학 생활과는 다르게, 정해진 룰과 일정한 패턴 속에 생활할 수밖에 없던 단체 생활은 마치 맞지 않은 신발을 구겨 신은 것처럼 힘들었다. 그래도 다들 그렇게 산다고 착각했다. 노력하고 싶었고 2년을 버텨 냈다.

늘 그래 왔듯 퇴근길 버스에 오르려는데, 그날따라 버스 승강장 앞 작은 꽃집이 눈에 띄었고, 문득 꽃을 사야겠다는 생각이 들었다. 가게 안을 들어서는 순간, 샵 한가득 메워진 꽃향기, 형형색색의 꽃들과 식물이 마치 나를 위로해 주는 것 같았다. 이름도 잘 모르는 꽃들로 골라 처음으로 나를 위한 꽃을 선물하던 그날, 나는 한없이 무료했던 일상이 다시금 다채로워지는 기분을 느꼈다. 때때로 삶이 지치고 고달플 때면 나만을 위한 꽃을 사는 습관이 생겼고, 꽃이 만개하고 지는 모습을 지켜보는 시간이 즐겁고 행복했다.

"좋아하는 일을 해야겠어."

바람이 살랑거리던 어느 가을날, 문득 큰 용기가 생겼다. 2년을 꽉 채워 버틴 회사에서 벗어나, 겁 없이 냉큼 파리행 비행기에 올랐다. 행복의 조건은 사실 그리 큰 것이 아니었다. 소소한 일상의 행복을 찾는 일. 내게 꽃꽂이란 그런 소소한 행복이었다.

어쩔 수 없이 해야만 하는 일이 아닌, 좋아하는 일을 하는 것. 체력적으론 힘들지 몰라도 내뿜는 에너지는 분명히 달랐다. 한없이 회색이던 내 삶에 색을 불어넣는 일. 결국 난 내 인생을 꽃처럼 살아 보기로, 행복해지기로 했다.

익숙지 않은 곳에
나를 내던지는 것만큼
나를 발전시킬 수 있는 것은 없다

플로리스트는 본인의 지식과 창의성을 계속해서 소모하는 직업이다. 때문에 끊임없이 배우고 경험해서 이러한 부분을 채워 나가야 하는데, 가끔 스스로 너무 정체되어 있지 않나 하는 생각이 들었다. 퇴근 후 학원도 다니고 실습도 하면서 그 안에서 많은 것을 배우고 경험했지만, 결국 나를 소모하는 속도가 채우는 속도보다 빨라지면서 이 일에 점점 피로와 한계를 느꼈다. 그야말로 지식의 재충전이 필요한 시기였다. 그때 마침 파리에서 오픈하는 클래스가 있었고, 그 수업을 듣기 위해 무작정 파리행 비행기 표부터 끊어 버렸다. 당시 회사에 다니고 있었는데, 사직서를 내기도 전에 표를 끊는 행동은 정말 무모했지만 어찌 보면 그 추진력이 지금의 르 자당을 있게 해 준 계기가 아니었나 싶다.

서초동의
작은 꽃집에서
스쿨을 내기까지

어쩌면 우린
만날 수밖에 없는
운명이었나 봐

파리에서 수업을 들으면서도, 한국에 꽃집을 오픈하면 무슨 이름을 지을지 수도 없이 고민했다. 이름은 한 번 지으면 돌이킬 수 없으니 신중해질 수밖에 없었다. 수업을 받는 내내 이름을 함께 고민해 주던 선생님은 '자당'이라는 이름을 추천했다. "'자당 자당' 어때? 귀엽고 너랑 잘 어울리는 거 같아." 불어로는 쟈르흐뎅. 좀 어려운 듯한 이 이름이 자꾸만 머릿속에 맴돌았다. 그 뒤로 유독 그 단어가 눈에 더 잘 들어왔다. 집에 가는 전철에서 본 'Le Jardin des Fleurs', 집 앞 꽃집이며 카페며 심지어 마지막 날 선생님이 사 온 마카롱 집의 이름까지 'Les Jardins'였으니! 이

  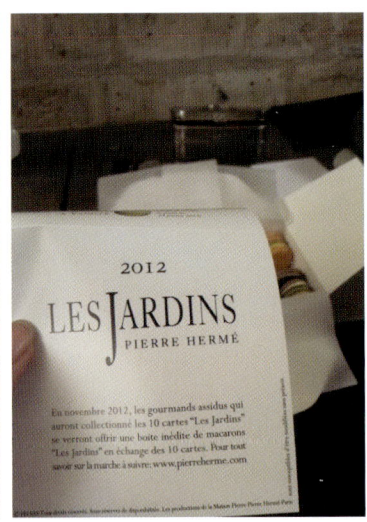

건 어쩌면 운명이지 싶었다.

한국에 오자마자 인테리어 공사 계약을 하며 그 이름에 어울리는 로고를 제작했다. 아무래도 파리에서 왔으니 에펠탑이 들어가고 내가 좋아하는 클레마티스 꽃을 넣으면 좋겠다고 생각했다. 대략적인 스케치를 그려서 전달하니 생각보다 좋은 로고가 나왔다. 세월이 지나면서 스타일도 꽃도 많이 바뀌었지만 당시 로고는 처음 꽃 작업을 하던 나와 많이 닮아 보였다.

르자당의 시작

사람들은 저마다 타고난 재능과 운을 가지고 있다고 한다. 꽃 일을 시작하며 만나게 된 선물 같은 인연들이 있는데, 이들은 꽃집을 하는 내내 내게 큰 행운이었다. 막막했던 인테리어는 지난 인연으로 알게 된 분이 맡아 주었다. 아직 경험도 없고 여유가 많지도 않을 때였지만, 흔쾌히 저렴한 가격에 인테리어를 도와주어 생각보다 일이 쉽게 진행되었다.

까다로운 요구 조건부터 말로 표현하지 못하는 세세한 부분까지 재현해 준 덕에 인테리어는 예상보다도 더 잘 나왔다. 당시에는 이렇게 과감한 컬러를 담은 꽃집이 많지 않아 잡지사에서도 연락을 굉장히 많이 받았다.

하지만 첫 창업이다 보니 일하면서 불편한 점들이 하나씩 생겨나기 시작했는데, 그중 작은 공간에서 손님과 클래스 수강생의 겹치는 동선은 내내 큰 골칫거리였다. 이 작은 꽃집에서 수업도 이뤄지고, 꽃 주문도 받다 보니 테이블 하나를 두고 손님과 학생이 같이 앉는 순간이 번번이 발생했다. 이 모습이 여간 어색한 게 아니었다. 뿐만 아니라 이름을 알리기 시작하면서는 단골도 늘어나니 상품을 둘 공간도 턱없이 부족했다.

당시에 나는 일을 마치면 꼭 가로수길에 놀러 가곤 했는데, 같이 다니던 친구가 "네가 제일 자주 가는 곳이 너의 일터여야 한대."라고 스치듯 내뱉은 한마디가 내 뇌리를 스쳤다! '아! 이사 가야겠다!'

가로수길 이전

서초동에서의 첫 시작이 어린 요조숙녀 같은 느낌이었다면 두 번째 매장은 좀 더 따뜻한 빈티지 감성을 그려 내고 싶었다. 빈티지한 책상이며 의자, 조명까지, 원하는 느낌의 가구는 이태원과 인터넷을 다 뒤져 가며 구했다. 전체적인 콘셉트는 원목+빈티지+철제였는데, 책상은 기성품을 구해서 다리만 철제로 바꾸는 등 하나부터 열까지 내 손길이 닿지 않은 곳이 없었다.

공간도 넓어지고 수업 공간과 손님을 맞이하는 동선이 겹치지 않으니 학생들도 나도 매우 만족스러웠다.

우리는 이곳에서 자주 파티를 즐겼고, 서로의 고민과 기쁨을 함께 나눴다. 단순히 꽃만 배우는 시간이 아닌 다양한 직업군의 사람들을 만나면서 같은 취향을 공유하고 마음을 터놓을 수 있는 비밀기지와 같은 공간이 되었다. 이 시기에 좋은 사람들을 많이 만났다. 일이 바빠지면서 가끔씩 묻는 안부가 전부인 사람들도 있고, 이제는 그의 이름보다 누군가의 엄마로 살아가며 잊혀진 학생들도 있겠지만, 이 시절을 떠올리면 참 따뜻하고 행복하다. 지나간 일들은 금방 잊혀지기 마련인데, 이때 만난 사람들이 가끔씩 그립고 궁금하다.

두 번째 이전

이때 나는 처음 회사를 그만두고 파리행 비행기에 올랐을 때만큼 과감하고 저돌적으로 다음 매장을 계약했다.

창업반이라는 타이틀을 가지고 수업을 진행하다 보니 조금 더 프라이빗한 공간이

필요했고, 학원 사업자를 내야겠다는 결심에 반대편 신축 건물을 통으로 계약했다.

전체 콘셉트는 빈티지였지만 도시적인 건물 외부를 반영하여 공간을 채워 나갔다. 높은 층고는 한 달 반을 기다려 받은 커다란 샹들리에로 큰 포인트를 주었다.

이 공간을 계약한 가장 큰 이유는 높은 층고와 큰 창을 손에 꼽는다. 가로수길에 이렇게 독보적으로 긴 창에 높은 층고를 가진 곳은 없었다. 봄이 오면 몇십 년의 세월은 지낸 것 같은 큰 목련 나무에 꽃이 드리워졌는데, 창가에서 목련을 바라보며 마음을 많이 다졌던지라 지금도 그 뷰가 눈에 선하다.

한산한 골목길도 큰 장점이었다. 수업을 마치면 골목길 어귀에서 늘 사진을 찍곤 했는데, 연신 까르륵거리던 학생들의 웃음소리가 골목길을 가득 메웠다.

지하에는 자당드플로르라는 카페를 운영했고, 1층은 로드샵과 편집숍을, 2층은 취미반과 화훼장식기능사반, 3층은 창업반과 웨딩반으로 채웠다. 이 건물에서 처음 학원 사업자를 냈고, 드디어 진짜 르자당 스쿨이 시작되었다.

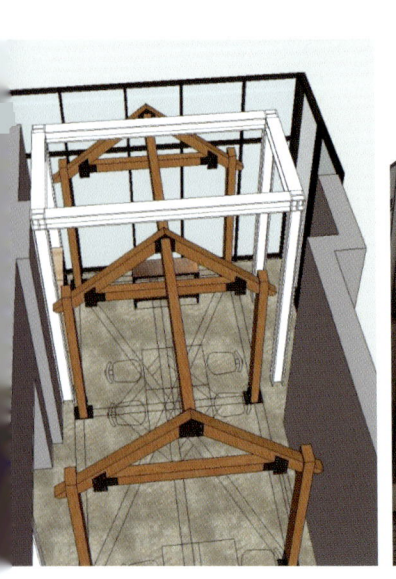

처음 꽃 그림을 그린 것도 목련이었다.
내내 연필로 매끈한 바디와 삐죽한 잎을 그려 댔다.
꽃의 모양을 제대로 알기에는 그림보다 더 좋은 연습은 없는 것 같다.
어느새 또다시 목련이 피는 계절이 왔다.
겨우내 앙상했던 가지를 뒤로하고 봄 햇살이 드리워진 창밖을 보면
그 시절 휘날리던 목련 꽃잎이 떠오른다.

가로수길 로드샵

꽃 인생을 뒤돌아보면 하고 싶은 건 원 없이 해 본 것 같다. 스쿨을 2년이나 운영하다 보니 너무 쉼 없이 앞만 보고 달려오지 않았나 하는 생각이 들었고, 재충전의 시간이 필요했다. 이곳에서 2년의 계약 기간을 꽉 채운 후, 가로수길 메인 상권에 위치한 꽃집을 하나 계약했다. 이제부터는 르자당이라는 브랜드 정리가 필요한 시기였다. 로고도 바꾸고, 색감도 통일하기 시작했다.

수업 공간도 필요해 꽃집 바로 맞은편 4층 공간을 하나 계약했다. 그동안 인테리어를 수도 없이 해 봤기에, 4층 스튜디오는 셀프로 준비했다. 바닥에 에폭시를 깔고, 벽은 하얗게 칠하고, 가지고 있던 전구도 늘어지게 달았다. 꽃집의 인테리어는 화려하지 않아도 좋다. 깨끗한 바닥과 벽만 있으면 꽃이 주는 색감으로도 충분한 인

테리어가 된다.

이곳에서는 꽃을 향유하는 시간이 하나의 문화처럼 흘렀으면 좋겠다는 생각이 들었다. 꽃을 배우고, 그 수업을 다 같이 공유할 수 있는 파티 문화를 정착시키기 위해 분기별로 지난 기수와 현 기수 수강생이 만든 작품을 함께 즐길 수 있는 파티를 열기도 했다.

가을 아침이년 경비 아저씨가 낙엽을 쓸어 담곤 하셨는데, 큰 봉지에 낙엽을 가득 넣어 4층 파티장 바닥에 뿌렸더니 예쁜 꽃길이 되었다. 겨울에는 드라이된 루나리아를 한가득 가져와 행잉도 만들고, 나름의 소소한 무대 장식도 만들었다. 매해 시즌을 즐기며 작품을 만드는 과정도 즐거웠고, 그 시간을 함께 즐겨 주는 분들이 있어 행복했다. 갑작스러운 코로나로 인해 여름 겨울 가을 시즌을 마치고 마무리할 수밖에 없었지만, 이 찰나의 시간이 가끔씩 꺼내어 볼 수 있는 한 장의 추억으로 남아 있길 바라 본다.

또
다른
시작

몰 입점 계기

창업반 수업을 여러 회 진행하면서 로드샵으로써의 브랜드 구축과 확장이 필요한 시기라는 생각이 들었다. 창업반에서 이론으로만 운영하는 방법을 가르칠 게 아니라, 실제 르자당이 운영 성공을 통해 터득한 내용을 그대로 수업에 접목시키는 게 도움이 될 것 같다는 생각을 하던 시기였다. 코로나로 인해 가로수길에 관광객이 현저하게 줄기 시작했고, 때마침 르자당의 2년 계약이 종료되는 시기가 맞물렸다. 운이 좋게도 버스, ktx 등 교통의 요충지이자 오피스 지구인 용산 아이파크 몰의 입점 제안을 받았다. 이곳은 르자당 브랜딩을 구축할 수 있는 첫 매장이 되었고, 이후에 광화문 디타워점, 반포 센트럴시티점, 잠실 소피텔점, 판교 테크원점, 도산점 등 여러 지점으로 확산되면서 현재 직영으로 운영 중에 있다.

프랜차이즈화

라이선스만 빌려주다 보면 개인의 이윤이 본연의 꽃 디자인과 경영자의 철학보다 우선되기도 한다. 아직까지는 전 매장 직영 운영을 통해 영업의 안정, 체계화를 우선으로 하고 있다. 체계가 좀 더 잡히고 생산, 유통까지 섭렵하게 되면 그땐 프랜차이즈화에도 도전해 보고 싶다.

꽃 냉장고의 상징화 그리고 진열

르자당 냉장고는 기성품이 아니라 인테리어를 할 때부터 직접 제작에 참여한 커스텀 메이드 제품이다. 냉장고를 꽃의 쇼윈도로 만들어, 꽃이 가장 예뻐 보일 수 있는 진열장으로 짜 넣었다. 단순히 꽃집이라는 느낌보다는 냉장고가 하나의 작품이 되는 쇼잉을 하면서 마케팅을 하는 게 목적이었다. 매장을 오픈할 때마다 가장 신경 쓰는 부분인 꽃 냉장고는 현재 르자당 인테리어의 가장 중요한 부분이라고 생각한다.

냉장고에서 꽃이 가장 예뻐 보이는 방법에 대해 고민이 많았다. 들어오는 꽃을 마구잡이로 넣으면 꽃의 높낮이며 색감이 섞여 제아무리 비싸고 예쁜 꽃이라도 두각을 드러내지 못한다. 뿐만 아니라 직원들도 냉장고를 열었을 때 눈앞에 가장 먼저 보이는 색감의 꽃만 먼저 고르게 되니 예쁜 꽃들도 빛을 발하지 못하고 버리는 경우도 다수였다.

냉장고를 커스터마이징하면서 진열장의 높낮이를 고객의 눈높이에 맞췄고, 컬러를 통일시키며 진열했다. 화이트에서 이어

지는 노란색, 연핑크까지는 중간 단계에 두고, 위 칸에는 진한 계열의 꽃을 단계적인 색감으로 배열했다. 꽃을 색감별로 배열하니 직원들도 안내하기 쉽고, 고객들도 원하는 색감을 정확하게 표현할 수 있게 되었다.

결과적으로 잘 정돈된 배열은 생화를 더 아름답게 보이게 할 뿐 아니라 인테리어 측면에서도 잘 만들어진 브랜드라는 이미지를 심어 주었다. 한창 매장을 늘려 가던 시기에는 검색어에 '르자당 꽃 냉장고'가 뜰 정도였고, 매장에는 하루에도 몇 번씩이나 사람들이 냉장고 구입처를 물어왔다.

로고의 변화

첫 매장을 오픈할 때만 해도 브랜딩이 무엇인지 잘 모르는 풋내기였다. 당시엔 매장이 이렇게까지 커질지 모르고 시작했으니 브랜드 같은 느낌보다는 내가 좋아하는 그림이나 색감 등을 잔뜩 넣어서 브랜딩을 해왔다.

매장이 점차 넓어지고 이름을 알게 되면서 이제는 르자당을 하나의 브랜드로 통일시킬 필요가 있었다. 우선 호불호가 갈리는 번잡한 로고보다는, 통일되고 세련된 글씨체가 필요했다. 아이파크몰에 입점하면서 전체 로고를 바꾸고, 이때부터 리본이며 포장지, 스티커까지 모두 통일해 하나의 메시지를 주고자 노력했다.

시그니처 컬러

보라색을 좋아해 수업을 할 때면 보라 색감을 많이 사용했다. 브랜딩은 곧 '자기다움'이라는 철학을 바탕으로, 리본부터 스티커, 쇼핑백까지 모두 보라색으로 통일했다. 그 결과 보라색은 멀리서도 한눈에 르자당임을 알아볼 수 있는 시그니처 컬러가 되었다. 예쁘고 통일감이 있어 보여 브랜딩을 하기에는 참 좋았으나, 후에 보라색 쇼핑백이 잘 만들어 둔 꽃의 색감을 지배하는 것 같아 스티커와 쇼핑백만큼은 회색으로 변경했다.

지금은 르자당 리본과 스티커, 관리법을 안내하는 카드의 아웃라인 정도에만 색감을 넣으면서 멀리서도 르자당 꽃임을 알아볼 수 있도록 회색과 보라색을 메인 컬러로 가져가고 있다.

예비 플로리스트를 위한 이야기

현실적인 조언

취미로 배워 본 꽃이 좋다는 마음으로 가볍게 시작하려는 생각은 버려야 한다. 좋아서 시작한 꽃도 결국 돈이 따라 주지 않으면 몸도 마음도 힘들기 마련이다. 좋아하는 일을 오래도록 하려면 간절해야 한다. 노력 없이 주어지는 성공은 결코 없다.

① 꽃 친구를 사귀어라

꽃 일을 하다 보면 외로워지는 경우가 많다. 꽃 주문을 위해 새벽 시장을 가는 일도 부지기수고, 남들은 즐거운 시즌이 우리에겐 가장 바쁜 시간이다. 어두운 밤, 시장 가는 길에 걸려 온 전화 한 통이 반가운 날이 있고, 컴플레인이나 매출 때문에 속상한 날도 있다. 오며 가며 농장에서 만나는 꽃 동지에게 마음을 터놓으면, 마음속에 있던 꽁꽁 묶인 실타래가 풀리는 느낌이 들 것이다.

② 비수기도 잘 이용하자

일 년 중 가장 매출이 저조한 비수기에는 자기 계발을 위한 배움의 시간을 갖기를 권한다. 반드시 꽃이 아니어도 좋다. 요리, 음악, 그림 등 그 시간만큼은 일 년 내내 고생한 나에게 주는 보상 같은 시간이 되기를 바란다. 누군가에게 배움을 얻는다는 건 그 사람의 공간, 음악, 취향 등 다양한 정서를 흡수하는 것이다. 그 안에서 번뜩이는 아이디어를 얻기도 하고, 좋은 에너지를 받기도 하는 등 배움은 스스로를 성장시킨다.

③ 체력 관리를 하자

플로리스트란 분명 아름다운 직업이 맞지만 이면에는 많은 체력을 요구한다. 무거운 자재들을 들고 다니는 건 기본이거니와 새벽 시장을 가게 되는 경우도 부지기수다. 특히 시즌에는 밤낮 가리지 않고 일을 하는 경우가 많기 때문에 플로리스트로서 자기관리는 가장 기본이다. 꽃집이 잘되는데도 체력이 따라 주지 않아 문을 닫는 경우도 더러 보았다. 일을 하며 몸이 상하는 일이 없도록 부지런히 체력 관리를 해 두자.

④ 많은 경험을 하자

쓸모없는 경험은 없다. 2년의 회사 생활에서 팀워크와 폴더 정리, 회계, 컴퓨터 활용 능력 등 단순하지만 많은 걸 배웠다. 반드시 꽃과 관련 있는 일이 아니어도 좋다. 어린 나이일수록 배울 수 있는 게 무궁무진하다. 창업을 하기 전 다양한 경험을 통해 폭넓은 지식을 쌓기를 바란다.

브랜딩

브랜딩 수업을 할 때, 학생들에게 가장 먼저 하는 질문이 있다. "가장 좋아하는 색은 무엇인가?" 굉장히 간단한 질문처럼 들리지만, 이 질문에는 생각보다 많은 의미가 숨어 있다. 내가 가고자 하는 브랜드의 정체성을 찾기 위해서는 나를 가장 먼저 잘 이해해야 한다. 이 질문을 했을 때 바로 대답이 나오는 학생들은 많지 않다. 머릿속에 많은 물음표가 스쳐 지나간다. 매번 학생들에게 컬러의 중요성에 대해 이야기하는데, 브랜드와 컬러는 그만큼 직접적인 관계가 있기 때문이다. 예를 들어, 맥도날드는 행복을 나타내는 노란색과 강렬함을 나타내는 빨간색을 잘 사용해 아이들이 맥도날드를 떠올리면 행복감과 흥분감을 같이 느낄 수 있게 했다. 그 공간을 생각하면 즐겁고 행복한 상상을 불러일으킨다. 스타벅스는 자연이 주는 초록색을 사용해 이 공간에서만큼은 느긋하고 여유롭게 커피를 즐기는 그림을 잘 연결했다. 파란색은 믿음과 자유로움, 신비함을 나타내는 색감인데, 삼성에서 파란색을 사용했다는 건 고객에게 무한한 신뢰와 믿음 그리고 창의적인 브랜드임을 각인시키려는 의도가 보여진다.

브랜드는 곧 '자기다움'을 말한다. 창업을 하기 전에 아래의 세 가지를 꼭 준비해 보자.

① 회사의 대표 브랜드 컬러를 정하라.
② 대표 폰트를 정하여 일관되게 사용하라.
③ 비주얼 가이드라인을 만들어 사용하라.

'나'라는 브랜드가 만들어졌다면, '나'를 어떻게 포지셔닝할지를 정해야 한다. 쉽게 카페를 예로 들어 보자. 정직한 카페, 기술이 좋은 카페, 감성이 있는 카페 세 가지를 들 수 있을 텐데, 이 중에서 내가 추구하는 방향을 정한 후, 업장에 들어와 카페의 명함을 받는 순간부터 나가는 순간까지 이 카페가 말하고자 하는 바가 분명하게 보이도록 포지셔닝해야 한다.

브랜딩이 잘된 공간은 인테리어, 메뉴, 소품, 복장, 음악, 향까지 어느 하나 놓치지 않고 모두 일관되게 만들어 이 브랜드가 무엇을 전달하고자 하는지를 고객이 분명히 느낄 수 있게 한다.

일 년의 타임 테이블을 미리 정해 두자

계절, 월별로 중요한 날을 한 번에 체크할 수 있는 연간 일정표를 준비해 두면 좋다. 매달 어떤 행사가 있는지, 어떤 상품을 개발해야 하는지, 어떤 마케팅을 해야 하는지 등의 계획을 적어 보고 미리 준비하면 매출에 큰 도움이 된다.

꽃집이 학교 주변에 위치해 있을 경우에는 주변 학교의 졸업식과 입학식 시즌도 성수기가 되니, 각 학교의 일정을 미리 참고하고 있어야 한다. 오피스 상권의 경우에는 승진 시즌도 성수기가 된다. 화분이나 난을 평소보다 더 여유 있게 준비해야 한다. 부케를 전문으로 하는 샵의 경우, 결혼을 가장 많이 하는 계절인 봄과 가을이 성수기가 되니, 미리 수입 거래처를 확보하고 꽃의 입고 일정이나 수량을 체크해 두어야 한다.

꽃집의 타임 테이블은 일반적인 행사나 기념일이 전부인 것 같지만, 꽃집이 어떤 상권에 있는지 혹은 꽃집의 주력 상품이 무엇인지에 따라서도 언제든 다른 성수기가 찾아올 수 있다. 미리 꼼꼼히 작성해서 준비해야 한다. 르자당은 일 년을 테이블로 정리해 두고 모든 직원이 시즌을 대비할 수 있도록 준비하고 있다.

월	계절, 월별 전략 상품 및 계획	월	계절, 월별 전략 상품 및 계획
1월	졸업식, 입학식, 승진	7월	비수기 대안 상품 판매
2월	졸업식, 입학식, 발렌타인데이, 승진	8월	비수기 대안 상품 판매
3월	화이트데이	9월	가을 준비, 결혼식 시즌, 추석
4월	분갈이, 식목일, 결혼식 시즌	10월	결혼식 시즌
5월	어버이날, 스승의날, 로즈데이, 성년의날, 부부의날, 결혼식 시즌	11월	빼빼로데이
6월	비수기 대안 상품 준비	12월	크리스마스

날마다 새로운 사람들이 꽃집을 검색한다. 인터넷에 '꽃집'만 검색해 봐도 이미 수만 개의 꽃집이 나오고, 한 블록 단위로 꽃집이 있는 경우도 많다. 이제는 꽃집이 없는 동네를 찾기보다는 남들과는 다른 차별성을 가지고 오픈을 해야 한다.

꽃 트렌드는 굉장히 빠르게 변한다. 어느 분야든 마찬가지겠지만, 현실에 안주하지 않고 늘 새로운 아이디어를 끊임없이 창조해 나가야 한다.

꽃집을 차리기 전에 본인이 다음 중 몇 가지에 해당되는지 체크해 보자.

☐ 꽃집의 주력 상품을 설정했다
  ↳ 몇몇 지인은 내가 아직도 화환을 하는지 모른다. 꽃집이 어느 영역까지 가능한지 보통의 일반인들은 잘 모른다. 그러니 반드시 꽃집의 주력 상품을 정했으면 한다. 가령 부케가 메인인 꽃집은 "르자당 플라워&웨딩"이라는 문구로 포지셔닝을 해도 좋다.

☐ 나만의 아이템이 있다

↳ 꽃을 잘하는 건 물론이고, 남들에게 없는 아이템을 가지고 있으면 꽃집을 할 때 좀 더 유리하다. 예를 들어 나만의 포장 방법이 있다던가, 나만이 만들 수 있는 기발한 아이템이 있으면 꽃집을 홍보하기에도 훨씬 수월하다.

☐ 부지런하다

↳ 꽃집의 위치가 좋으면 물론 좋겠지만, 아무리 번화가가 아니어도 손님이 없다는 건 내게 핑계로만 들린다. 바쁘지 않으면 바빠질 수 있도록 만들어야 한다. 내가 처음 오픈한 서초동의 꽃집 또한 번화가는 아니었다. 때문에 블로그에 정말 많은 시간과 공을 들여 사람들이 찾아오게 만들었다. 결국 사업의 성공을 좌우하는 건 부지런함과 노력이다.

☐ 세심하고 꼼꼼하다

↳ 꽃도 결국 서비스 직업이기 때문에 세심한 성격일수록 손님과의 관계를 오래 이어나가기에 좋다. 꼼꼼한 성격은 세세하게 꽃 상태를 관리하고, 인수증도 깔끔하게 정리하며, 매장의 부자재들이 이중으로 구매되지 않도록 빈틈없이 관리한다. 파일도 일목요연하게 정리하니 일의 실수가 적고 효율이 높아진다. 이는 곧 성과로 나타난다.

☐ 충분한 자본력이 있다

↳ 나 역시 첫 창업에는 많은 자본금을 가지고 시작하지 않았기에 자본력은 무시할 수가 없다. 자본력이 좋으면 자금을 더 추가해서라도 번화가에 오픈하기를 권한다. 만약 그렇지 않은 경우에는 발품을 팔아서 월세는 저렴해도 학교 주변이나 오피스가 많은 곳을 추천한다. 인테리어 공사 비용+보증금+6개월을 버틸 월세 정도의 총알을 준비하고 있어야 여유롭게 운영이 가능하다.

☐ 블로그, 유튜브, 인스타그램 등 소셜 네트워크를 좋아하고 관심이 많다

↳ 학원에서 꽃을 잘한다는 이야기를 들었다고 해서 장사도 잘하는 건 아니다. 오랜 시간 수업을 해 보니 꽃집을 잘하는 사람은 결국 소셜 네트워크를 잘 활용하는 사람들이었다. 몇 해 전, 함께 일했던 직원이 샵을 차리

고 문을 닫은 걸 보고 속상했던 기억이 난다. 결국 꽃집은 어느 정도 '관종'이 되어야 남들보다 쉽게 성공할 수 있다. 꽃집을 운영할 계획이 있다면 지금부터 블로그, 유튜브, 인스타그램 세 개 중 하나라도 시작하자. 꼭 꽃과 관련되지 않아도 좋다. 자유롭게 본인의 생각을 적고 공유하는 채널을 만들어 두면 된다. 꽃집을 차린 후에는 그 채널을 이용해 홍보를 이어나갈 수 있다.

☐ **쉽게 좌절하지 않는다**

↳ 꽃집을 처음 운영하다 보면 여름 비수기의 낮은 매출에 좌절하는 순간이 올 수 있다. 5월 성수기의 높은 매출에 비해 턱없이 부족해 실망스럽기도 하다. 다른 꽃집과 매출을 비교하며 좌절하지 말고, 우리만의 일 년 타임 테이블을 만들어 체크해 가며 숨을 고르는 건 어떨까? 하루하루 매출에 일희일비하지 말고 고객을 어떻게 어떤 방법으로 끌어들일 수 있을지 고민하고 그 방법을 찾아보자. 혹은 길었던 업무에서 벗어나 잠시 휴가를 다녀와도 좋다. 이 시간 동안 여행도 다니고, 자기 계발도 하는 등 긍정적인 사고를 가지고 다음 스텝을 준비하기를 바란다.

차례

PART 1
오리엔테이션

- 033 Lesson 1 | 도구
- 036 Lesson 2 | 플로랄폼
- 038 Lesson 3 | 컨디셔닝
- 043 Lesson 4 | 꽃의 형태별 분류
- 044 Lesson 5 | 컬러 팔레트

PART 2
잡는 꽃

- 049 Lesson 1 | 베이직 꽃다발 basic handtied
- 055 Lesson 2 | 플랫 부케 flat bouquet
- 061 Lesson 3 | 폴리지 부케 foliage bouquet
- 067 Lesson 4 | X자 부케 X bouquet
- 073 Lesson 5 | 와이드 부케 wide bouquet
- 081 Lesson 6 | 브라이덜 부케 & 부토니에 bridal bouquet & boutonnier
- 089 Lesson 7 | 오트쿠튀르 부케 haute couture bouquet
- 095 Lesson 8 | 트로피컬 부케 tropical bouquet
- 103 Lesson 9 | 암 부케 arm bouquet

PART 3
꽂는 꽃

- 111 Lesson 1 | 포맨더 pomander
- 117 Lesson 2 | 생화 리스 wreath
- 123 Lesson 3 | 햇박스 hat box
- 129 Lesson 4 | 화병 꽂이 vase arrangement
- 135 Lesson 5 | 플라워 박스 flower box
- 143 Lesson 6 | 내추럴 바스켓 natural basket
- 151 Lesson 7 | 로맨틱 바스켓 romantic basket
- 159 Lesson 8 | 새장 장식 birdcage decoration
- 167 Lesson 9 | 콩포지시옹 composition
- 175 Lesson 10 | 블루 화병 꽂이 blue vase arrangement
- 183 Lesson 11 | 테이블 센터피스 table centerpiece
- 191 Lesson 12 | 롱앤로우 long&low centerpiece
- 197 Lesson 13 | 침봉꽂이 ikevana
- 205 Lesson 14 | 빈티지 베이스 vintage vase arrangement

PART 4
가드닝

- 215 Lesson 1 | 다육 식물 succulent plant
- 221 Lesson 2 | 서양란 tropical orchid
- 227 Lesson 3 | 올리브나무 olive tree

PART 5
웨딩 & 대형작품 & 기타

- 235 Lesson 1 | 화관 hair circlet
- 241 Lesson 2 | 웨딩 체어 floral chair deco
- 249 Lesson 3 | 플로랄 월 floral back wall
- 255 Lesson 4 | 웨딩 아치 wedding arch
- 263 Lesson 5 | 드라이 리스 dry wreath

PART 6
포장법

- 271 Lesson 1 | 기본 포장
- 275 Lesson 2 | 습지+크라프트지 포장
- 279 Lesson 3 | 겹 포장
- 283 Lesson 4 | 고깔 포장

PART 1

ORIENTATION
오리엔테이션

Lesson 1
도구

Ⓐ 철사(와이어)

꽃이나 줄기, 잎 등을 지지하거나 길이 및 형태를 조절할 때 사용한다. 이 외에 고정, 보강, 지탱 등 다양한 목적으로도 사용한다. 국내에는 보통 18~30 사이즈까지 유통되고 있으며 수치가 낮을수록 굵다. 꽃의 굵기나 종류에 따라 적절한 치수의 철사를 선택하여 사용한다.

Ⓑ 지철사

철사에 종이를 입힌 것으로 생화의 줄기를 보호할 수 있다. 재료를 엮거나 플로랄폼에 이끼를 덮을 때 등 간단한 것을 고정할 때도 사용한다. 또한, 아이비 등 얇은 잎 소재의 철사 처리용으로도 사용하며 코르사주(코사지)를 만들 때도 적합하다. 지철사는 흰색, 갈색, 초록색이 있으며 꽃과 잘 어울리는 컬러를 때에 따라 선택해서 사용한다.

Ⓒ 케이블 타이

보통은 전기 케이블을 묶을 때 사용하지만, 플로랄폼을 웨딩 아치의 가지에 연결할 때나 조화 다발을 묶을 때 등에 사용한다. 고정력이 좋아 무게감이 있는 것을 고정할 때도 유용하다.

Ⓓ 회전판

병꽂이나 플로랄폼 등의 작품을 사방화로 디자인할 때 사용한다. 회전판을 사용하면 다양한 각도에서 꽃꽂이 상태를 확인할 수 있어 유용하다.

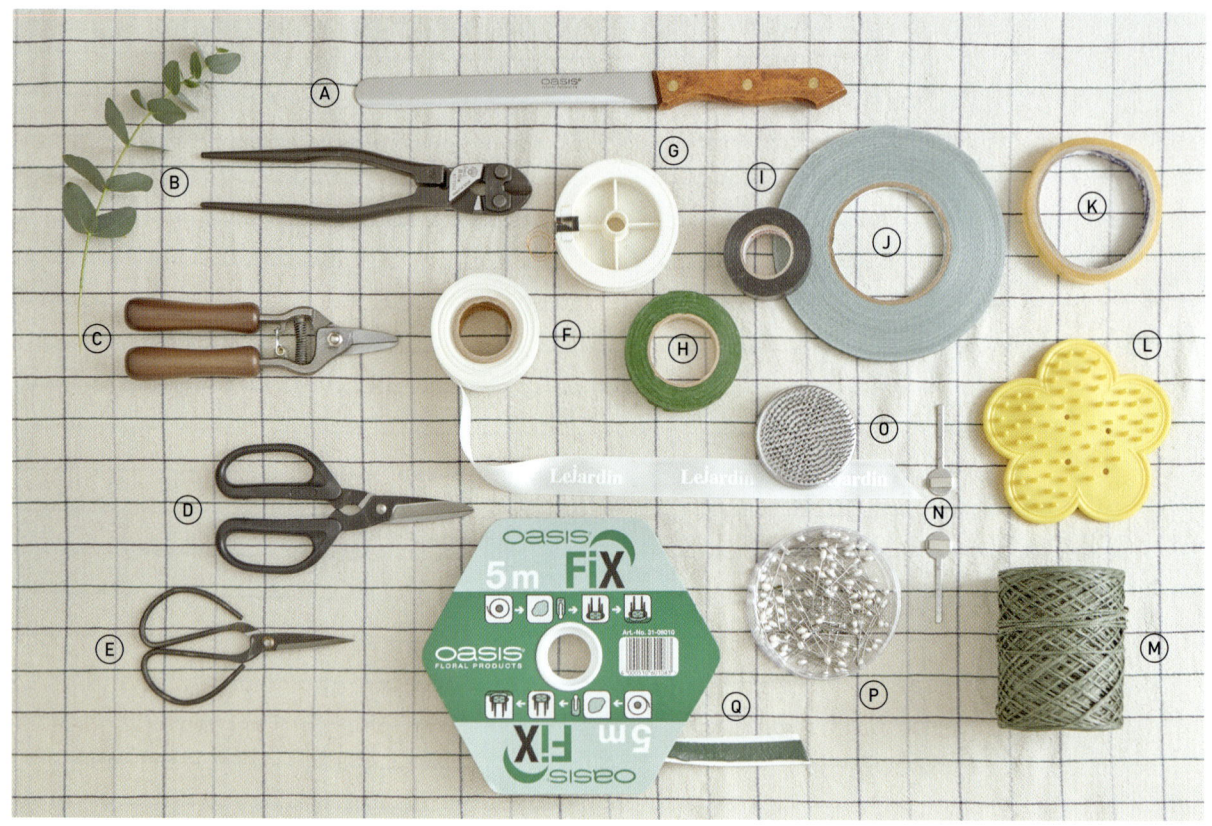

Ⓐ **플로랄폼 칼**

플로랄폼을 원하는 모양으로 다듬거나 자를 때 사용한다.

Ⓑ **조화, 와이어 가위**

보통은 조화 가위로 잘 알려져 있지만, 두꺼운 와이어의 경우에는 니퍼(철사 종류를 자르는 가위)만큼이나 가위에 손상을 주지 않고 잘 잘라 낸다.

Ⓒ **전지가위**

가지치기에 사용하는 가위로, 굵은 줄기나 가지 등의 절지류를 손질할 때 사용한다.

Ⓓ **일반 가위**

리본이나 포장 재료 등을 자를 때 사용한다.

Ⓔ **꽃가위**

꽃의 줄기를 손질할 때 사용한다.

Ⓕ **리본**

부케의 스템을 꾸밀 때나 코르사주의 마감 등에 사용되며, 꽃다발 포장 후 포장지를 묶을 때도 필요하다. 종류, 색감, 용도별로 구분해 두면 편하게 사용할 수 있다.

Ⓖ **카파 와이어**

다양한 색상이 있는 카파 와이어는 주로 드라이 리스, 조화 장식 등을 고정할 때 쓴다.

Ⓗ **플로랄 테이프**

잎, 가지 등을 철사 처리한 후, 철사가 보이지 않도

록 가리는 용도 혹은 부케나 부토니에의 줄기를 감쌀 때 사용한다. 색상은 연두색, 갈색, 흰색 등 다양하며, 테이프를 당겨야 밀랍제가 나와 고정력이 생기므로 테이프를 당겨 가며 사용한다.

Ⓘ 전기 테이프
주로 큰 작품을 만들 때 사용하며, 물에 젖어도 끈적임이 쉽게 사라지지 않아 플로랄폼을 화기에 고정할 때 많이 사용한다.

Ⓙ 방수 테이프(오아시스 테이프)
사이즈는 6mm와 12mm 두 가지가 있으며, 접착력이 좋아 다발을 묶거나 플로랄폼을 화기에 고정할 때 주로 사용한다.

Ⓚ 투명 테이프
넓은 화병의 윗부분에 격자무늬로 붙여 꽃의 줄기를 고정하거나 완성된 다발을 고정할 때 사용한다.

Ⓛ 가시 제거기
절화의 불필요한 가시나 잎 등을 제거할 때 사용한다. 불필요한 잎들을 제거하기에 빠르나 자칫 줄기가 손상될 수 있으니 힘을 적절히 조절하는 노하우가 필요하다.

Ⓜ 바인드 와이어
줄기가 벌어지지 않도록 꽃의 바인딩을 묶거나 포장할 때 사용한다.

Ⓝ 부토니에 자석
착용하는 분의 옷감이 상하지 않도록 개발된 코르사주 전용 핀 자석으로, 부토니에나 코르사주 제작 시 꽃의 뒤편에 고정하여 사용한다.

Ⓞ 침봉
납이나 동, 금속 등 물에 부식되지 않는 소재의 판 위에 바늘이 촘촘하게 박혀 있는 것으로, 동양식 꽃꽂이에서 절화나 절지를 고정하는 도구로 주로 사용한다. 그러나 요즘에는 동·서양식에 제한을 두지 않고 다방면으로 연출이 가능하며 재사용이 가능해 점점 대중화되고 있는 오브제이다.

Ⓟ 진주 핀
부케나 코르사주 등의 장식용으로 쓰이며, 줄기를 감싼 리본을 고정함과 동시에 포인트 재료로 사용한다.

Ⓠ 오아시스 픽스
접착력이 있는 고정 제품이다. 핀 홀더에 플로랄폼을 올려 두고 오아시스 픽스를 사용해 화기나 플라스틱 용기에 접착한다.

Lesson 2
플로랄폼

미국의 (주)스미더스 오아시스 社에서 흡수성 스펀지를 최초로 발명하면서 꽃 산업의 혁명을 일으켰다. 이후 오아시스 사에서 나오는 플로랄폼이 기능성으로 인정받고 대중화되면서 많은 이들이 플로랄폼을 오아시스라고 부르기 시작했다. 이러한 이유로 플로랄폼을 오아시스라고 알고 있는 사람이 많은데, 이는 회사의 이름이 고유 명사가 된 경우이다. 정확한 명칭은 플로랄폼이다. 물을 머금고 있는 시간이 길어 꽃이 오래 유지되고, 가격이 저렴하며 운반이 쉬워 폼에 꽂는 다양한 작품들도 함께 발전하기 시작했다.

꽃을 고정하는 역할은 침봉과 비슷하지만, 침봉은 꽃을 꽂을 수 있는 면적이 플로랄폼보다 좁고 한정적인 데 반해 플로랄폼은 많은 양의 꽃을 꽂을 수 있다. 다만 꽃을 꽂은 자리에 다시 꽃을 꽂으면 플로랄폼이 붕괴될 수 있어 재사용과 재활용은 불가하다. 또한 플로랄폼은 환경 문제에 대한 이슈가 꾸준히 있었다. 이에 대한 대책으로 최근에는 분해가 되는 플로랄폼이 나오기도 했다. 그러나 단가가 높고 유지력이 좋지 않아 호불호가 많이 갈리는 편이다.

필자는 용도에 따라 플로랄폼을 선택적으로 사용하고 있다. 오래 두고 보아야 하는 꽃들은 기존의 플로랄폼을 사용하고, 웨딩이나 행사 등 일회성을 위한 꽃들은 환경을 생각하여 분해가 되는 플로랄폼을 사용하려 한다.

1   준비된 용기에 물을 가득 채운다.

2   플로랄폼을 물에 띄운다. 이때 물을 빠르게 흡수시키기 위해 손으로 플로랄폼을 억지로 누르면 플로랄폼 내부에 에어 블록이 생겨 물이 제대로 흡수되지 않는다. 물을 안 먹은 부분이 생기면 꽃의 수명이 줄어들 수 있으니 물 위에 살짝 띄워 천천히 물을 흡수시키도록 하자.

3   물을 충분히 흡수하는 데 대략 5~10분 정도의 시간이 걸리니, 작업 전 플로랄폼을 먼저 물에 담가 두는 습관을 들이는 것이 좋다.

1

2

3

Lesson 3
컨디셔닝

기본 이해

뿌리를 자른 채로 유통되는 모든 종류의 식물을 '절화'라고 한다. 흔히 생화라고 하지만 생화는 살아 있는 모든 꽃을 일컫는 말이며, 꽃다발이나 꽃바구니 등으로 즐기는 꽃들은 대부분 절화이다. '절엽'은 잎사귀류를 말하며 엽란, 팔손이, 아이비 등 뿌리가 없는 나무의 잎 자체를 부르는 말이다. '절지'는 두꺼운 가지나 나무 등으로 개나리, 벚꽃, 설유화, 조팝나무 등이 이에 속한다.

우리는 생화를 메인으로 작업한다. 꽃 업계에서는 통상적으로 절화는 꽃, 절엽과 절지는 소재라고 부르며 시장에서는 꽃집과 소재집이 분류되어 있다.

절화는 뿌리는 없지만 살아 있는 상태이기 때문에 농산품에 들어가며, 조화는 인공품이라 공산품으로 분류된다. 육안으로 보기에 둘 다 아름다운 꽃임은 분명하다.

1. 대부분의 절화는 잎이 다듬어지지 않은 상태로 오기 때문에 다듬는 작업(컨디셔닝)이 필수이고, 컨디셔닝은 꽃 작업과 꽃 수명에 50% 이상의 영향을 끼친다. 장미는 가시 제거기를 사용하면 줄기에 있는 잎과 가시를 함께 제거할 수 있다. 장미는 줄기의 힘이 아닌 잎의 힘으로 물을 올리기 때문에 맨 위의 잎 한두 장은 남겨 두는 것이 좋다. 잎에 물이 닿을 경우, 물의 부패 속도가 빨라지므로 물에 들어가는 부분의 잎은 모두 제거해 주는 것이 좋다.

2. 줄기 끝은 수분 공급이 원활하도록 45도 이상 사선으로 잘라 도관을 확보한다. 물에 닿는 면적이 넓을수록 물을 잘 흡수한다. 튤립이나 카라 등 부드러운 줄기의 꽃들은 일자 커팅하여 물속에 꽂아 준다. 물에 많이 잠길 경우 물러질 수 있기 때문에 줄기가 잠길 정도까지만 채워 주는 게 좋다. 튤립의 경우 길이에 비해 화병 높이가 낮을 경우 목이 휠 수 있다. 신문지나 습지 등으로 말아서 미리 보관 후 사용을 추천한다.

3. 레몬트리처럼 얇고 자주 쓰이는 소재는 바인딩 포인트 아랫부분을 제거한 후 사용하는 게 좋으므로 미리 작업해 두면 편리하다. 가지가 굵은 절지류는 전지가위를 이용해 줄기를 자른다. 전지가위가 준비되지 않았을 경우에는 가지 끝에 살짝 십자 모양을 내거나 망치로 두드려 상처를 내서 도관을 확보하여(물에 닿는 면적을 넓히는 작업) 물을 흡수할 수 있게 한다. 필요하지 않은 잎들은 미리 정리해 바로 사용할 수 있게 준비해 놓으면 편리하다.

재수화 (rehydration)

수입 절화는 유통하는 과정에서 대부분 솜이나 스펀지를 이용해 간이 물 처리를 하거나 건식으로 운송된다. 수입 절화는 유통이 완료되어 판매되기 전까지 변수가 많기 때문에, 구매했을 때 솜이 말라 있는 경우도 많다. 따라서 장시간 비행을 마친 꽃은 물의 흡수를 빠르게 돕기 위해 줄기를 최대한 넓게 잘라 주는 것이 좋다.

만약 수송 시간이 지나치게 길어졌거나 장시간 물 올림을 하지 못한 상태로 두어 탈수 현상이 심할 때는 신문지에 만 상태로 넓은 물통에 눕혀 줄기 부분이 물에 잠기도록 잠시 두면 물에 닿는 부분이 넓어져 흡수율을 좀 더 높일 수 있다. 이때, 꽃 얼굴이 물에 닿으면 습이 생겨 손상될 수 있으니 줄기만 물에 잠기게 하는 것이 중요하다. 그래도 물이 잘 오르지 않을 때는 줄기를 잘라서 꽃까지 도달하는 길이를 줄이는 것도 좋은 방법이다.

물속 자르기

물속에서 줄기를 잘라 공기를 최소화하는 방법으로, 수중 절단법이라고도 불린다. 공기를 만나면 도관이 닫히기 때문에 물속 자르기가 아니더라도 공기 중에 노출되는 시간을 최소화해 주는 것이 꽃의 물 올림에 효과적이다. 또한 줄기를 자르면서 생기는 압력으로 인해 물 올림이 훨씬 잘 된다. 물속 자르기를 할 때는 가위보다는 나이프가 편리하다. 백합, 아마릴리스, 아이리스 등 줄기가 긴 꽃에 주로 사용하며, 줄기가 짧은 꽃들은 물속 자르기가 쉽지 않다.

열탕 처리

가끔 시장에서 밥솥에 꽃을 넣어 끓이는 진풍경을 본 적이 있을 것이다. 일반적인 꽃들은 물론이고, 약한 꽃들이나 물이 잘 오르지 않는 꽃들도 이 방법을 이용하면 물이 쉽게 오르며, 물이 한 번 오르면 유지력이 좋아져 선호도가 높다. 주의해야 할 점은 뜨거운 열기에 꽃 얼굴이 손상되지 않도록 미리 종이나 비닐로 감싼 후 작업해야 하며, 물에 담긴 줄기 부분은 뜨거운 온도 때문에 변색되기 쉬우므로 미리 다듬은 후 사용해야 한다.

탄화 처리

줄기 끝부분을 불에 살짝 그을려 자극을 주는 방법이다. 특히나 유액이 분출되는 줄기를 가진 꽃에 사용하기 좋다. 불에 노출되는 시간을 잘 조절하는 것이 중요하다.

줄기 두드림

절지류의 경우 대부분 가지를 잘라 도관을 확보하지 않아도 물 올림이 되지만, 장기간 보관해야 하는 경우에는 컨디셔닝을 해 주는 것이 좋다. 이때 안전을 위해 전지가위를 사용함을 적극 권장한다. 만약 전지가위가 구비되지 않았다면 꽃가위로 약간의 스크래치만 내도 충분하다. 또는 망치나 무게가 나가는 물건으로 가지 끝을 두드려 상처를 내어 면적을 넓힌 뒤 물에 넣어 주면 줄기의 도관이 빠르게 확보되어 물 올림에 도움이 된다.

특히 열매나 꽃이 있는 경우 쉽게 시드는 것을 볼 수 있는데, 이는 나무와는 별개로 열매가 익거나 뿌리가 없기 때문에 꽃이 시드는 것이므로, 그 부분을 먼저 사용해 주면 좋다. 노지에서 자라는 나무와 마찬가지로 꽃이 피는 나무들은 절지 상태에서 꽃이 져도 새순을 틔우는 경우가 많다.

참고 사항

스마일락스

스마일락스처럼 공기 중의 수분으로도 충분히 유지되는 소재를 손쉽게 관리하는 데에는 지퍼백이나 검은 봉투를 사용하는 것이 좋다. 지퍼백에 스마일락스를 넣고 분무를 충분히 해 준 후 서늘한 곳에 보관하면 수분이 날아가지 않아 오랜 시간 보관이 가능하다. 검은 봉투는 햇빛도 차단해 주어 좋다. 대신 너무 오랜 시간 방치하면 공기가 통하지 않아 소재가 녹거나 부패할 수 있으니 물 올림 후 빠르게 사용하자.

아마릴리스

아마릴리스는 줄기의 속이 비어 있고 얼굴이 커서 무게가 많이 나가 꽃이 꺾이는 일이 많이 생긴다. 따라서 미리 줄기 안에 두꺼운 나뭇가지 등을 넣어 두면 줄기가 꺾이지 않고 얼굴을 지탱할 수 있다. 물을 올릴 때는 줄기를 자르고 빈 가지의 속을 물로 가득 채운 후 솜으로 줄기 끝을 막아 주면 빈 줄기가 물을 빨아올리는 수고를 덜어 준다.

Lesson 4
꽃의 형태별 분류

매스 플라워(mass flower)

덩어리라고 표현될 만큼 존재감이 있다는 뜻으로, 작품에서 메인 꽃을 말한다. 메인 꽃은 꽃의 기본적인 면적을 채우거나 전체적인 컬러의 중심을 잡아 줄 수 있는 꽃을 선택한다. 이러한 이유로 한 줄기에 여러 꽃이 달린 스프레이 형태가 아닌, 줄기 하나에 꽃이 하나 달린 스탠더드 형태의 꽃을 많이 사용하는 편이다.

ex) 장미, 카네이션, 리시안셔스 등

폼 플라워(form flower)

꽃의 모양이 독특하고 형태가 유니크해 단번에 시선을 끌 수 있는 꽃을 말한다. 매스 플라워와도 조화를 잘 이루며, 남은 면적을 채우는 역할뿐만 아니라 전체적인 채도와 톤을 구성하는 부분이 매스 플라워와 비슷하다. 또한, 작품 내 꽃의 다양성과 볼거리, 재미를 더한다. 어떤 꽃을 폼 플라워로 선택하느냐에 따라 작품의 전체 디자인이나 분위기가 결정되므로 폼 플라워는 매우 중요하다.

ex) 다알리아, 해바라기, 아마릴리스 등

라인 플라워(line flower)

선이 유연하고 가는 꽃들이 대부분이다. 전체적으로 무거운 디자인을 상쇄시켜 주는 역할을 하며 자연스러운 줄기에 크지 않은 꽃들이 달린 경우가 많기 때문에 직선이나 곡선을 강조하는 단계에서 주로 쓰인다.

ex) 옥스퍼드 스카비오사, 스위트피, 아미초 등

필러 플라워(filler flower)

'채우다'라는 의미로 하나의 줄기에 여러 마디로 가지가 뻗어 있고, 짧은 가지마다 작은 꽃들이 달린 스프레이 타입의 꽃이다. 작품에서 바탕 꽃이 되어 주기도 하고, 작품을 검토하는 마지막 단계에서 비어 있는 부분에 들어가 채워 주는 역할도 한다.

ex) 안개꽃, 스타티스, 소국, 시네신스 등

그린 플라워(green flower)

주로 '그린 소재'라고 부르며, 초록의 소재들을 말한다. 작품에서 높이나 너비 등 전체적인 바탕을 잡아 주는 역할을 하는데, 이런 역할로 이용할 때는 작품의 첫 단계에서 주로 사용하며 작품의 전체적인 밸런스를 위해 꼭 필요하다. 나중에 채우는 용도로 쓰이는 그린 소재는 작품이 더욱 풍성하게 보일 수 있도록 공간을 채워 줄 뿐만 아니라 꽃 자체가 돋보일 수 있도록 도와준다.

ex) 레몬잎, 루스커스, 유칼립투스, 레몬트리 등

Lesson 5
컬러 팔레트

처음 꽃시장에 방문해 눈앞에 펼쳐진 수많은 꽃을 보면 도대체 어떤 꽃을 어떻게 사입해야 할지 막막하기만 하다. 긴 시간 동안 꽃 수업을 들으며 색감이나 종류, 질감 등에 대해 배웠다고 해도, 막상 직접 상품을 구상하며 사입을 하게 된다면 머릿속이 하얘지고 등에서 땀이 나기 마련이다.

이때 초보자에게 권하는 가장 쉬운 방법은 원하는 컬러 톤을 정해 메인 꽃을 고른 후, 그와 이어지는 색감의 다른 꽃들도 하나씩 골라 사입하는 것이다. 순간적으로 눈에 보이는 예쁜 꽃을 사입하다 보면 사입해 온 꽃에 일관성이 없거나, 필요치 않은 꽃을 예산에 비해 많이 구입하게 된다. 처음에는 유사 색상의 톤을 골라 작품을 만들며 경험치를 쌓고, 많은 자료를 보는 것도 큰 도움이 된다.

한 가지 색상의 작품으로 채도와 명도를 다룰 줄 알게 되었다면, 다른 색들을 조합해 다른 분위기를 만들어 가는 재미를 느껴 보자. 연습을 하다 보면 자주 쓰는 나만의 컬러 톤이 생기게 되고, 고객이 많이 찾아 주는 나만의 시그니처 컬러 톤도 생기게 된다. 어느 정도 꽃 셀렉에 익숙해지고 나면 색상뿐 아니라 꽃의 질감이나 형태도 고려하며 꽃을 구입해 보고, 전체적인 밸런스를 맞춰서 포장지나 리본 등도 함께 골라 보자.

PART

2

HANDTIED

잡는 꽃

Lesson I

basic handtied

베이직 꽃다발

꽃 선물이 점점 대중화되고 있다. 기념일에만 산다고 여겨졌던 꽃 선물이 요즘에는 특별한 날, 특별한 사이가 아니더라도 가볍게 선물하는 아이템이 되었다니, 플로리스트로서 여간 반가운 일이 아닐 수 없다.

꽃집에서는 꽤 다양한 손님들을 마주하는데 아직도 가장 많이 찾는 상품이 꽃다발임은 확실하다. 다만 해가 갈수록 고객의 니즈가 디테일해지고, 어려운 꽃 이름도 잘 외워서 주문하는 것을 보면 꽃 산업은 앞으로 더욱 대중화될 것임에도 틀림없다.

꽃다발을 선물하려는 목적은 모두 제각각이겠지만, 받는 분들의 마음은 대개 같을 것이다. 꽃은 그 자체만으로도 충분히 아름답지만 플로리스트의 실력과 정성이 더해진다면 받는 이의 행복도 조금 더 커지지 않을까?

PREP-TIME

30minutes

RUN-TIME

30minutes

SEASON

spring

FLOWERS

- Ⓐ 조팝나무 소량
- Ⓑ 폼폰 라넌큘러스 5대
- Ⓒ 페이션스 로즈 2~3대
- Ⓓ 마조리카 로즈 1대
- Ⓔ 시네리아 유칼립투스 소량
- Ⓕ 튤립 3대

TOOLS

방수 테이프, 꽃가위

HOW TO MAKE

1

2

3

4

5

6

1 대가 가장 곧고 튼튼한 페이션스 로즈를 중심에 놓는다. 로즈 얼굴의 한 뼘 아래에서 줄기를 잡는다(이 부분을 바인딩 포인트라고 부른다). 꽃을 잡을 때는 가장 기본 방식인 스파이럴 기법*으로 잡는다.

    ✽ 가장 중앙에 위치한 첫 번째 줄기를 제외하고, 다음에 오는 꽃의 얼굴은 좌측 위에 두고 줄기 끝은 우측 아래를 향하도록 줄기를 한 방향으로 유지해 나선형으로 돌려 잡는 방식. 이때 줄기와 줄기가 서로 X자로 교차되지 않도록 한다.

2 페이션스 로즈는 두세 송이씩 그룹핑해서 잡고, 그 사이에 그린 소재인 시네리아 유칼립투스와 조팝나무를 적절히 넣어 준다. 그린 소재는 로즈처럼 얼굴이 큰 꽃들이 뭉쳐 보이지 않게 섹션을 나누어 주기도 하지만 바인딩 포인트에 두께감을 더해 꽃대가 돌아가지 않도록 고정해 주는 역할도 한다.

3 화형이 예쁜 꽃인 마조리카 로즈는 얼굴이 잘 보일 수 있도록 중심선에 포인트로 넣어 준다. 꽃은 한 대씩 추가할 때마다 다발을 약간씩 회전하여 줄기가 서로 교차되지 않게 한다.

4 다발의 양쪽에 폼폰 라넌큘러스를 배치해 균형을 맞춘다. 튤립은 잡아 둔 다발 가장자리에 높게 배치해 튤립의 라인감을 그대로 살린다.

5 바깥 라인에 조팝나무를 길게 놓아 자연스러움을 더한다. 다발의 전체적인 밸런스가 잘 맞는지 확인한다. 뭉쳐 있는 부분이 있다면 바인딩 포인트를 좀 더 밑으로 내려 꽃의 간격을 넓힌다. 그룹핑되어 있는 꽃들은 각각의 얼굴이 잘 보일 수 있도록 높낮이를 주어 간격을 조절한다.

6 완성된 다발은 가운데가 낮고 가장자리는 높은 V자 형태를 띤다. 모양이 잘 잡힌 다발은 방수 테이프를 사용해 바인딩 포인트를 고정한다.

TIP

- 핸드타이드를 잡기 전, 각 줄기의 아래쪽 잎은 미리 ⅔ 정도 제거하고, 불필요한 가지가 많이 붙어 있는 꽃은 깨끗하게 정리하자. 꽃의 중요한 마디와 얼굴만 남기고 불필요한 줄기를 제거함으로써 존재감을 확실히 드러내 준다.
- 튤립은 태생적으로 오랜 시간 지속되는 절화 중 하나이다. 구매 후 바로 화병에 넣으면 구부러지거나 휘는 경우가 있어, 습지 등으로 튤립을 감싸 완전히 물을 올린 후에 사용하도록 한다. 물을 충분히 흡수한 튤립은 화병에서 훨씬 곧게 서 있는다.
- 꽃꽂이를 할 때 같은 종류의 꽃을 두세 송이씩 그룹핑하는 경우가 많다. 이는 꽃의 양이나 종류, 색을 구별할 수 있어 일관되고 정리된 느낌을 주어 자주 사용하는 방법이다.

flat bouquet

플랫 부케

첫 페이지의 꽃다발이 너무 어려웠다고 절망하지 말자. 자연이 주는 아름다움 그 자체만으로도 눈은 즐겁고 마음이 행복하지 않은가. 꽃이 재밌어지는 방법은 무궁무진하다. 지금부터는 다양한 형태의 꽃다발을 만들어 볼 차례다.

플랫 부케는 전체적인 모양을 반듯하게 잡아 주는 게 포인트이다. 라인이 있는 꽃들로 높낮이를 살짝 주면서도 형태가 무너지지 않게 유지하는 게 중점인 부케이다. 높낮이의 변화가 크지 않아 기존의 부케보다는 쉽고 재밌게 잡아 볼 수 있다.

보통 이 부케는 정면으로 연출하는 촬영에 쓰거나 웨딩 촬영 때 약간의 변화를 주고 싶은 신부님이 서브 부케로 문의하기도 한다.

PREP-TIME

30minutes

RUN-TIME

30minutes

SEASON

winter

FLOWERS

Ⓐ 어텀 유칼립투스 ½단 Ⓕ 카네이션 소량
Ⓑ 니콜 유칼립투스 ⅓단 Ⓖ 아네모네 5대
Ⓒ 레몬트리 ⅓단 Ⓗ 알리움 4대
Ⓓ 돌셋 로즈 5~6대 Ⓘ 히아신스 1단
Ⓔ 옥스퍼드 스카비오사 4~5대 Ⓙ 미니 델피늄 ½단
 Ⓚ 수국 1대

TOOLS

방수 테이프, 꽃가위

HOW TO MAKE

1   가장 줄기가 두꺼운 수국을 중앙에 배치한다. 이 수국이 부케의 중심이 된다. 이때 바인딩 포인트는 수국의 한 뼘 아래에 둔다.

2   레몬트리는 수국보다 높게 올려 잡는다. 이전 작품과 마찬가지로 스파이럴 기법을 사용하여 소재나 꽃의 얼굴은 좌측을 향하게 하고, 줄기는 우측을 향하게 하여 돌려 가며 잡는다.

3   어텀 유칼립투스도 수국보다 높게 올려 수국의 가장자리에 배치한다. 같은 방법으로 부케를 회전시켜 가며 반대편에서도 수국의 바깥 라인을 따라 레몬트리와 어텀 유칼립투스를 넣어 준다. 수국의 얼굴 사이사이에도 레몬트리를 넣어 주면 하나의 덩어리로 되어 있는 수국과 다른 꽃들 간의 이질감이 줄어든다.

4   히아신스처럼 줄기가 뻐죽한 종류의 꽃들이나 얼굴이 활짝 피지 않은 돌셋 로즈는 그룹핑을 해도 뭉쳐 보이지가 않는다. 조금씩 높낮이를 주어 가며 수국의 가장자리 라인을 따라서 세 송이씩 그룹핑을 한다. 카네이션은 수국 안쪽으로 배치하며 세 송이씩 그룹핑한다. 옥스퍼드 스카비오사와 아네모네처럼 라인감이 있고 존재감이 큰 꽃들은 로즈나 카네이션보다 한 뼘가량 높게 배치하여 큰 꽃들 사이에서 포인트를 주자. 중간에 비어 보이는 공간에는 미니 델피늄과 니콜 유칼립투스를 추가로 배치해 풍성함을 더한다.

5   마지막으로 알리움 서너 송이를 부케의 가장자리를 따라 기존 꽃들보다 반 뼘 정도 높게 올려 넣어 포인트를 살린다. 준비한 꽃의 모양이 한쪽으로 치우지지 않고 플랫하게 잘 잡혔다면, 바인딩 포인트 아랫부분의 잎들을 깨끗하게 정리한 후 방수 테이프로 고정한다.

6   이때 테이프를 힘없이 돌리지 않고, 한쪽 손은 테이프 끝을 잡아 팽팽하게 당기고 다른 한 손은 꽃다발을 잡고 내 겨드랑이 안쪽으로 돌리면서 부착시켜야 꽃 모양이 변형되거나 테이프가 엉키지 않고 깔끔하게 고정된다.

TIP

- 부케에 내추럴한 느낌을 더하고 싶다면 다양한 소재를 활용한다. 아이비나 담쟁이 같은 덩굴 식물을 늘어뜨려 사용하면 더욱 와일드하고 자연에 가까운 모습으로 연출이 가능하다.
- 그룹핑은 보통 짝수보다는 홀수로 했을 때 훨씬 더 자연스러운 느낌이 든다. 두 송이는 그룹핑의 느낌이 덜하므로 세 송이 이상을 권한다. 네 송이는 높낮이를 주기에 애매할 뿐만 아니라 두 송이씩 짝지어지는 느낌이 주는 답답함이 있어 홀수로 묶는 걸 추천한다.

foliage bouquet

폴리지 부케

여름을 떠오르게 하는 초록은 자연의 싱그러움, 생기, 조화를 상징한다. 소재는 한 가지 종류로도 사계절의 다른 매력을 느낄 수 있으니, 자연이 주는 경이로움에 감탄하게 된다. 봄에 싹이 피는 모습, 여름에 초록의 잎이 무성한 모습, 깊어지는 가을의 햇살을 받으며 소재에 열매가 맺힌 모습, 겨울에는 잎이 다 떨어진 가지의 라인감까지도 그 계절의 매력을 담고 있으니, 한 가지 소재만으로도 사계절의 매력을 충분히 즐길 수 있다는 건 플로리스트로서 큰 행복이다.

이번 작품에서는 봄의 소재인 설유화를 넣어 소재 부케를 완성해 보고자 한다. 앙상했던 설유화 가지에 송골송골 꽃이 맺히는 모습을 보며 움츠렸던 계절을 벗어던지고 새롭고 활기찬 한 해를 시작해 보자.

PREP-TIME

30minutes

RUN-TIME

40minutes

SEASON

winter

FLOWERS

- Ⓐ 오니소갈룸 5~6대
- Ⓑ 설유화 1단
- Ⓒ 어텀 유칼립투스 1단
- Ⓓ 구니 유칼립투스 1단
- Ⓔ 은엽아카시아 소량
- Ⓕ 꽃냉이 소량
- Ⓖ 줄호엽란 2단
- Ⓗ 이반호프(아이반호) 3대
- Ⓘ 보리사초(유니폴라) 1단
- Ⓙ 서귀목 1단
- Ⓚ 라그라스 ½단
- Ⓛ 백매화 소량

TOOLS

방수 테이프, 꽃가위, 라피아 끈

HOW TO MAKE

1 절지류 중 가장 두꺼운 서귀목을 부케 정중앙에 배치해 중심축을 만들어 준다. 그다음 중간 두께인 어텀 유칼립투스, 구니 유칼립투스, 은엽아카시아 등을 한두 대씩 잡아 공간을 채움과 동시에 3~4cm가량 높낮이를 주며 스파이럴로 잡아 나간다. 질감이 특이하고 모양이 독특한 이반호프, 꽃냉이는 다발 사이사이에 넣어 재미를 더해 준다. 라인감이 있는 보리사초와 라그라스는 다섯 대씩 그룹핑하여 곳곳에 넣어 주었다.

2   설유화, 오니소갈룸, 백매화처럼 가지가 유연하여 휘어지거나 선이 가늘고 라인감이 있는 꽃들은 다른 꽃들보다 한 뼘 위로 배치해 포인트를 주면 훨씬 조화롭다. 이런 꽃들은 너무 낮게 잡으면 다른 두꺼운 가지의 꽃들에 파묻혀 잘 안 보일 수 있으니 주의하자.

3   부케를 전체적으로 보면서 비어 있거나 뭉쳐 보이는 부분은 없는지 체크한 후, 빈 곳에는 은엽아카시아와 꽃냉이를 채워 볼륨감을 더한다. 뭉쳐 있는 부분은 소재 몇 대를 빼거나 높낮이를 주고, 그 부분에 보리사초를 높게 잡아 잔잔함을 더한다.

4   완성된 부케의 바인딩 포인트를 방수 테이프로 고정한다. 소재 부케는 꽃에 비해 줄기가 두꺼워 완성 전에 한 손으로 쥐기에 버거울 수 있다. 중간에 방수 테이프로 미리 고정한 후 다시 안정감 있게 잡아 나가도 좋다.

5   방수 테이프로 고정한 바인딩 포인트의 아랫부분에서 꽃 얼굴 쪽으로 줄호엽란의 굵직한 밑부분을 끼워 넣고, 줄호엽란의 여리여리한 끝부분이 바닥을 향하게 한다. 이때 테이핑한 바인딩 위쪽의 줄기 사이에 줄호엽란을 넣으면 고정이 더 잘 된다. 소재의 얼굴과 바디의 비율은 1:1로 맞춘다. 이 작업으로 소재 부케의 아랫부분에도 내추럴한 느낌이 더 잘 표현된다. 위에는 내추럴한 데 비해 아래는 단단한 가지만 있어 위아래 이질감이 생길 수 있는 부분을 덧붙이는 작업일 뿐 필수적이진 않다.

6   마지막으로 라피아 끈을 사용해 줄호엽란을 단단히 고정한다. 라피아 끈 대신 부케와 어울리는 마끈이나 리본 등을 사용해도 좋다. 라피아는 나무껍질을 말려 만들기 때문에, 이번 부케와 무난하게 잘 어울린다. 또한, 물에 닿았을 때 더 질겨져서 유지력도 좋고 자연 친화적이다.

TIP

- 소재는 단순하게 다 같은 풀처럼 보일 수 있으나 조금만 관심을 가지고 보기 시작하면 각각 다른 모양, 질감, 색감을 가지고 있어 어떤 소재를 사용하는지에 따라 전혀 다른 느낌의 부케가 만들어진다. 따라서 소재가 가진 잎의 모양, 앞면, 옆면까지 모두 세세하게 잘 살펴본 후에 사용해야 완성도를 높일 수 있다.
- 소재는 보통 네 종류 이상을 사용한다. 얇고 포인트되는 종류와 볼륨감을 위해 잎이 넓거나 하나의 가지에 잔가지가 많이 붙어 있는 종류의 소재를 골고루 준비한다.
- 소재 부케는 일반 꽃다발에 비해 가지가 두꺼워 잡기가 힘들 수 있다. 불필요한 잎은 사전에 제거하면 만드는 데에만 집중할 수 있다.
- 라그라스 같이 질감이 독특하지만 한 대로는 존재감을 나타내기 힘든 소재는 4~5대씩 그룹핑해서 사용하자.

X bouquet

X자 부케

코로나가 시작되기 직전 이탈리아에서 배웠던 작품이다. 기존에 배우던 방식과는 전혀 다른 방식으로 만든 작품이라 생소하면서도 즐겁게 수업을 들었던 기억이 난다. 다만 이 방식은 한 번 고정하고 나면 수정이 어렵기 때문에 초보자들이 하기에는 꽤 어려운 작품일 수 있다. 이 부케를 제작하기 전에 충분한 연습을 거친 후 잡아 보기를 추천한다.

기존의 스파이럴 부케와는 다르게 풍성하고 내추럴하며 묵직한 느낌을 만들어 내기에 좋아 외국에서는 본식 부케로도 자주 사용되는 부케이다. 컬러의 조화로움과 형태의 자연스러움을 고려하여 근사한 부케를 만들어 보자.

PREP-TIME

30minutes

RUN-TIME

30minutes

SEASON

winter

FLOWERS

Ⓐ 텐텐라넌큘러스 2대
Ⓑ 라넌큘러스 7대
Ⓒ 헬레보루스 2대
Ⓓ 리시안셔스 2대
Ⓔ 튤립 몽우리 7~8대
Ⓕ 어텀 유칼립투스 ½단
Ⓖ 웨스트민스터 어베이 로즈 5대

Ⓗ 카페라테 로즈 1단
Ⓘ 실크라넌큘러스 3대
Ⓙ 라일락 ½단
Ⓚ 라이스 플라워 ½단
Ⓛ 카네이션 2대

TOOLS

방수 테이프, 꽃가위, 리본

HOW TO MAKE

1. 가장 메인이 되는 카페라테 로즈 두 대를 서로 다른 방향을 보게끔 X자로 넓게 벌려 준다. 벌어진 로즈 사이의 교차 지점을 바인딩 포인트로 정한 뒤 중심축에 방수 테이프를 일자로 둘러 고정한다.

2. X자로 고정된 카페라테 로즈 위쪽으로 튤립과 리시안셔스를 각각 얹어 준 후 다시 고정한다. 이때 튤립처럼 잘 휘거나 끝이 뾰족한 몽우리 종류의 꽃은 로즈의 얼굴보다 한 뼘 위로 올려 형태의 재미를 더한다. 기존의 스파이럴과는 전혀 다른 방식이기 때문에 줄기가 서로 교차되게 넣어도 이상하지 않다.

3. 이때 X자로 교차된 꽃의 줄기 형태가 무너지지 않도록 방수 테이프를 가로로 한 번 더 고정해 준다. 연이어 같은 방법으로 꽃을 추가할 때마다 방수 테이프를 십자 모양으로 돌려 고정한다.

4. 웨스트민스터 어베이 로즈를 두세 대씩 추가하면서 그룹핑될 수 있도록 한다. 이때 중간에 어텀 유칼립투스와 라일락을 넣어 얼굴이 큰 매스 플라워가 한 곳에 뭉쳐 보이지 않도록 분산시켜 준다. 같은 방식으로 카페라테 로즈도 그룹핑으로 볼륨감을 살리며 넣어 준다.

5. 방수 테이프를 십자 모양으로 돌리는 과정을 반복하면서 중간중간 라이스 플라워와 헬레보루스를 넣어 주는데, 이들은 부케의 빈 곳을 채워 가며 볼륨감을 만들어 준다. 마찬가지로 카네이션도 중간에 그룹핑하며 풍성함을 더해 준다. 형태가 어느 정도 만들어졌다면 텐텐라넌큘러스, 실크라넌큘러스, 라넌큘러스같이 여리여리한 꽃들을 로즈보다 한 뼘 위로 올라오게 배치한다. 이들은 부케의 라인감을 살리는 동시에 생동감을 더해 준다.

6. 앞, 뒤, 옆면까지 완벽한 모양의 부케가 완성되면, 바인딩 포인트를 방수 테이프로 힘껏 묶은 뒤 준비된 실크 리본으로 마무리한다.

TIP

테이프로 고정하면서 잡는 부케이기 때문에 한 번 고정하면 수정이 어렵고 꽃이 부러지거나 쉽게 손상이 올 수 있다. 따라서 반드시 고정하기 전에 꽃을 미리 대 보고, 만족스러운 곳에 배치하는 것이 좋다.

Lesson 5

wide bouquet

와이드 부케

작품을 만들면서 쉽게 구할 수 없는 색감은 키워 오던 화분의 줄기를 잘라 사용한다. 시장에도 없는 색감의 소재를 함께 사용하면 소재의 다양함이 내게 큰 기쁨을 주곤 한다.

이번 작품에서는 지난해부터 샵에서 키워 오던 배롱나무를 꺾어 함께 매치했다. 여름내 예쁘게 피워 준 꽃이 지고 나니 이듬해 가을에는 짙은 가을빛의 소재로 남았다. 사계절 내내 예쁜 꽃으로 또는 잎으로 함께 해 준 이 친구가 참으로 기특하고 감동스러운 날이 아닐 수 없다.

이전 작품과 마찬가지로 나선형(스파이럴)이 아닌 X자 형태로 만드는 부케이다. 나선형의 기본 부케와 달리 볼륨감과 내추럴한 모습을 나타내기에 더없이 좋다. 다만 앞, 뒤, 옆면 사방으로 예쁜 모습이어야 하므로, 꽃을 넣을 때마다 팔을 뻗어 먼 거리에서 모양을 체크하는 게 중요하다.

PREP-TIME

30minutes

RUN-TIME

30minutes

SEASON

autumn

FLOWERS

- (A) 배롱나무 소량
- (B) 허브 2대
- (C) 스타티스 소량
- (D) 스노우베리 3대
- (E) 폼폼 국화 3대
- (F) 폼폼 소국 소량
- (G) 아스틸베 3대
- (H) 리시안셔스 3대
- (I) 몽생미셸 로즈 3대
- (J) 겹튤립 3대
- (K) 카푸치노 로즈 3대
- (L) 네리네 1대
- (M) 섬머 라일락 3대
- (N) 백일홍 3대
- (O) 카네이션 3대
- (P) 라일락 3대
- (Q) 코스모스 3대
- (R) 메밀꽃 5대

TOOLS

방수 테이프, 꽃가위

HOW TO MAKE

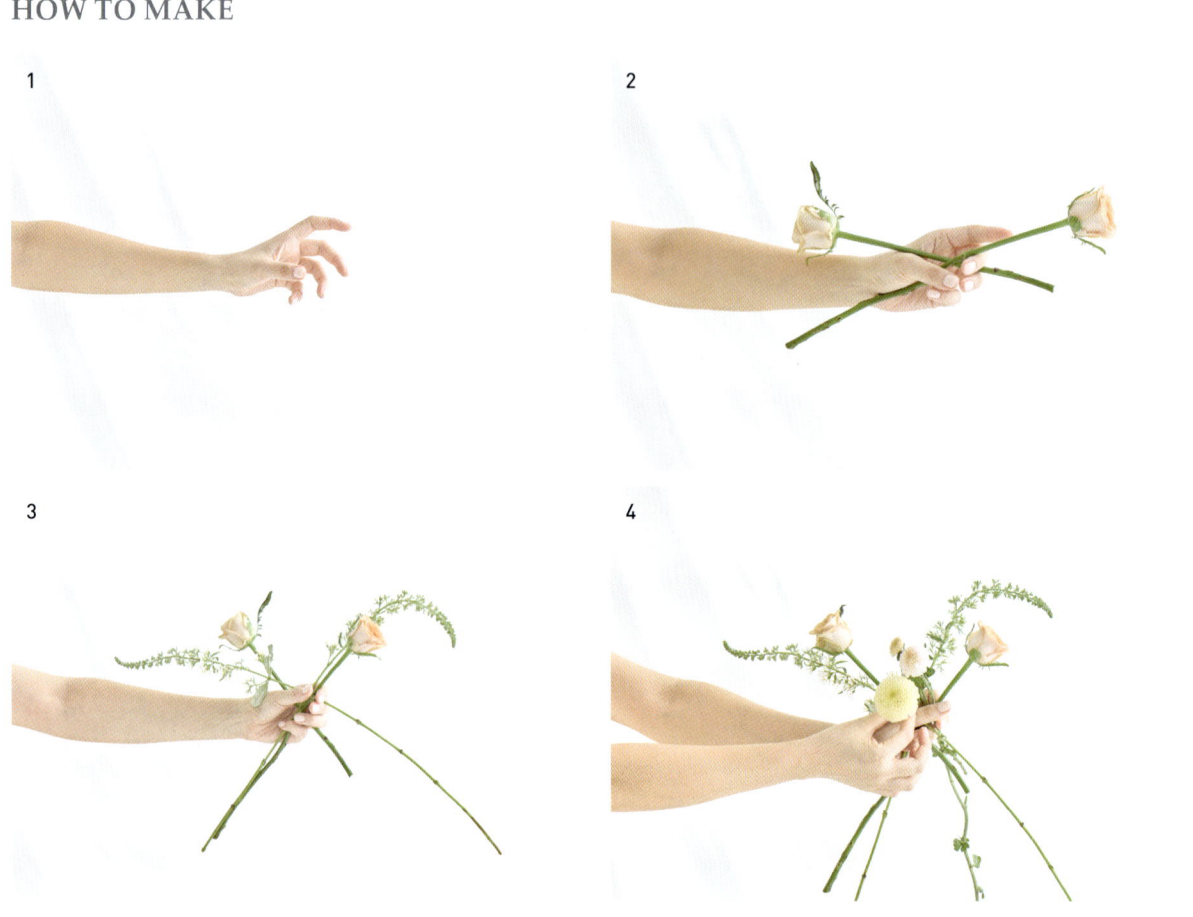

1. 꽃을 잡기 전, 손이 마치 하나의 화기가 된 듯이 손을 둥글게 말아 준다. 이때 사진처럼 중지-약지-소지 순으로 점점 안으로 말릴 수 있게 계단 형태로 만들어 주면 이후에 꽃을 넣을 때 지탱하기에 좋다.

2. 꽃을 한 손에 쥐고 다른 한 손으로 한 송이씩 추가해 나간다. 카푸치노 로즈 두 대를 양쪽으로 길게 늘어트린다. 이때 바인딩은 X자가 나온다.

3. 가늘고 긴 라인감이 있는 라일락 한 대는 줄기가 엄지 위에 걸쳐지도록 검지와 중지 사이에 대각선 방향으로 넣어 준다. 다른 한 대는 검지 위쪽부터 맞은편 아래쪽까지 넣어 두 대의 라일락이 서로 교차되게 만들어 준다. 이렇게 하면 기본 바탕이 만들어진다.

4. 교차된 라일락과 로즈 사이에 비교적 대가 두껍고 얼굴이 둥근 폼폼 소국과 폼폼 국화를 손가락 사이에 두고 고정하듯이 가운데에 넣어 준다.

5   라일락과 마찬가지로 얼굴이 뾰죽하고 선이 가는 아스틸베와 섬머 라일락을 양쪽으로 길게 늘어트리듯이 넣어 준다. 꽃을 계속 추가하되, 선이 가늘고 여린 꽃을 최대한 마지막으로 남겨 둔다.

6   겹튤립은 가장자리의 로즈보다 얼굴 한 뼘 정도 높이 올라오게 배치한다. 손에 몇 송이 있지 않은 상태에서는 공간에 여유가 생겨 줄기를 자유자재로 움직일 수 있다. 빠르게 배치할수록 고정이 쉬워진다.

7   같은 방법으로 리시안셔스를 채운다. 리시안셔스는 줄기가 가늘어 쉽게 부러질 수 있으니 들어가는 자리를 반드시 확인 후 주의해서 넣는다.

8   몽생미셸 로즈는 존재감이 확실한 색감의 꽃이다. 포인트가 될 수 있도록 앞쪽에 수평으로 넣기도 하고, 우측 가장자리에 높이 올리기도 하면서 전체적인 형태를 함께 잡아 준다. 기본 틀이 만들어지면 위에서 교차된 꽃 사이로 침봉꽂이를 하듯 자유롭게 꽃의 높낮이를 주는 배치가 가능해지는데, 중간중간 거울로 부케의 앞뒤 모양을 확인하는 것도 중요하다.

9 메밀꽃은 선이 얇아 잔잔하게 표현하기 좋다. 얼굴이 작아서 높이감을 크게 주어도 부담스럽지 않으니 다른 꽃들보다 얼굴 한 뼘 정도 높게 올라오도록 배치하자. 마찬가지로 선이 얇고 얼굴이 잔잔한 꽃인 코스모스는 포인트 꽃으로 다른 꽃들보다 얼굴 한 뼘 정도 높게 올라오도록 배치한다.

10 활짝 핀 얼굴의 네리네는 잔잔한 꽃들 사이에서 투박해 보일 수 있으니 잎을 두세 송이 정도 자른 후에 넣으면 안정감이 든다. 몽생미셸 로즈와 겹튤립 사이에 조심스럽게 끼워 넣는다.

11 비어 보이는 곳에는 스타티스와 카푸치노 로즈 한 대를 채워 볼륨감을 더하고, 백일홍은 중앙에 다른 꽃들보다 존재감 있게 배치한다. 스노우베리의 동글동글한 질감은 부케를 더욱 사랑스럽게 만들어 준다. 무게 중심이 얼굴에 있어 다른 꽃들보다 위로 올리면 전체적인 형태가 무너질 수 있으므로 부케의 바인딩 포인트 바로 위쪽과 좌측 가장자리에 배치하도록 하자.

12 허브나 배롱나무 등의 소재와 카네이션은 곳곳에 적절하게 배치한다. 전체적으로 부족하거나 빈 곳은 없는지, 균형이 잘 어우러지는지 체크한 후, 방수 테이프로 바인딩 포인트를 단단히 고정한다.

TIP

- 최근에 국내에서도 많이 쓰이는 방법 중 하나로, 스파이럴 없이 손안에서 자유롭게 교차되며 만들어지는 부케이다.
- 이 부케는 어느 각도에서 보아도 빛을 발할 수 있도록 앞면과 뒷면 모두 고루 신경 써서 작업해야 하기 때문에 수시로 거울로 부케의 모양을 체크하는 것이 좋다.
- 꽃을 점점 추가할수록 바인딩이 두꺼워져 손으로 한 번에 잡기가 힘들 수 있다. 중간에 한두 번 정도는 방수 테이프로 고정한 후 다시 잡아도 좋다. 단, 한 번 고정된 부케는 수정이 어려우니 특별한 수정이 필요 없을 때 고정하도록 하자.

bridal bouquet & boutonnier

브라이덜 부케 & 부토니에

예식에서 아름다운 신부를 더욱 돋보이게 하는 브라이덜 부케. 브라이덜 부케에서 '부케'는 프랑스어로 '다발'이라는 뜻이다. 중세 유럽에서 남성이 사랑하는 연인에게 프러포즈를 하면서 들판에서 꺾어 온 예쁜 꽃을 엮어 다발을 만들어 주는 데서 유래했다고 한다. 프러포즈를 승낙하는 여성은 부케에서 꽃을 한 송이 뽑아 남자의 가슴에 꽂아 주었고, 그 한 송이 꽃은 곧 웨딩 액세서리 중 하나인 부토니에가 되어 오늘날까지도 부케와 세트로 사용되고 있다.

PREP-TIME

30minutes

RUN-TIME

30minutes

SEASON

spring

FLOWERS

Ⓐ 히아신스 1단   Ⓓ 디디스커스 5대
Ⓑ 꽃냉이 3대   Ⓔ 클레마티스 3대
Ⓒ 니겔라 3대

TOOLS

꽃가위, 진주 핀, 부토니에 자석, 리본, 방수 테이프

HOW TO MAKE

1. 부케의 중심이 되는 히아신스의 바인딩 포인트를 꽃의 얼굴에 가까운 지점으로 지정해 파라렐(병렬형)*로 잡아 준다. 히아신스 세 송이를 그룹핑한 후 선이 가늘고 얼굴이 작은 클레마티스를 히아신스 사이에 4~5cm가량 높게 배치한다.

   ✽ 파라렐 방식은 모든 줄기가 나란히 배열되고 교차됨이 없이 일자로 뻗어 있는 방식을 말한다.

2. 클레마티스 가지에 꽃이 여러 대가 붙어 있으면 자칫 지저분해 보일 수 있다. 필요한 부분만 남기고 얼굴과 라인을 깔끔하게 정리해 사용하도록 한다. 과정 1에서 잡은 부케를 반 바퀴 돌려 나머지 빈 곳에도 히아신스 두 송이를 추가로 넣는다. 이때 히아신스 사이의 빈 곳은 꽃냉이로 채워 준다.

3. 디디스커스, 니겔라처럼 선이 가늘고 얼굴이 여린 꽃들은 부케 위에서 가볍게 떠다니듯 길게 포인트를 준다. 높이를 히아신스보다 3~4cm 정도 높게 올라오게 배치한다.

4. 부케를 여러 번 돌려 보면서 부케가 라운드 형태를 띠도록 잡아 준다. 안으로 움푹 꺼져 있거나 꽃이 부족해 비어 보이는 공간에 꽃냉이를 더 채워 주고, 메인 꽃인 히아신스가 뭉쳐 보이는 곳에는 디디스커스를 살짝 높이 있게 추가해 부케에 입체감을 더한다.

5   부케의 앞, 뒤, 옆면이 모두 고르게 아름다운지 혹은 균형이 잘 맞는지 체크한 후, 줄기에 붙어 있는 불필요한 잎들을 깨끗하게 정리한다. 마지막으로 모양이 흐트러지지 않도록 방수 테이프로 줄기를 단단하게 고정한다.

6   부케에서 가장 빛날 메인이 되는 면을 정한다. 3~4cm가량의 폭을 가진 리본으로 바인딩 포인트로부터 아래로 감아 내리면서 줄기를 가려 준다.

7   이때 리본 간격은 비교적 일정하게, 일자가 아닌 사선으로 내려 주자. 필자는 부케의 바인딩 포인트를 리본으로 세 번 정도 내려 주었다. 부케의 줄기가 두꺼울수록 바인딩 포인트 마감 리본을 짧게 해야 균형이 어우러진다.

8   같은 방법으로 리본을 다시 위로 감아 가며 바인딩 포인트까지 올려 준다. 리본은 과정 6에서 지정했던 메인이 되는 면에서 깔끔하게 잘라 준다.

9   자른 리본의 끝부분이 부케의 앞으로 오게 한 후 앞면이 표시될 수 있도록 진주 핀을 세 군데에 일자로 넣어 고정해 준다.

TIP

- 히아신스는 손이 뜨거울수록 대가 금방 무르기 때문에, 작업 시작 전 미리 줄기 안에 18번 와이어를 넣고 사용하면 단단한 지지대가 완성된다.
- 한국에서는 부케라고 하면 신부 부케만을 생각하지만, 본래 부케는 증정용, 촬영용, 이벤트용 등 다양한 형태의 꽃다발을 의미하고, 보통 결혼식에서 사용되는 부케는 브라이덜 부케라고 부른다.
- 요즈음에는 워낙 다양한 형태의 트렌디한 부케가 많아 정답이 정해져 있진 않지만, 실내 웨딩일 경우 무게가 지나치게 큰 꽃은 드는 사람을 부담스럽게 할 수 있으므로 신부용 꽃은 되도록 가볍고 산뜻한 느낌의 꽃들로 제작하면 좋다.

HOW TO MAKE (부토니에)

1   니겔라, 꽃냉이, 디디스커스 등 부케에 쓰인 몇 가지 꽃들을 작게 모아 파라렐로 잡아 준다.

2   작게 잡은 꽃들 뒷면에 코르사주 자석을 부착한 후 얇은 방수 테이프로 고정한다.

3   얇은 리본을 돌려 감아 방수 테이프로 고정된 부분을 가려 준다.

4   작은 진주 핀을 사용해 부케와 같은 방법으로 부토니에의 앞면에 꽂아 준다. 이때 진주 핀을 일자로 꽂으면 뒷면에 부착된 코르사주 자석으로 인해 부러질 수 있으므로, 진주 핀이 아래에서 위를 향하게 비스듬히 꽂는다.

Lesson 7

haute couture bouquet

오트쿠튀르 부케

꽃도 패션처럼 트렌드에 따라 다양하게 변하고 유행에 민감하다. 때문에 플로리스트는 같은 작업을 반복적으로 하기보다 늘 새로운 것을 디자인하고 창조하는 크리에이터 같은 직업이라 할 수 있다.

'오트쿠튀르'라는 단어는 프랑스어인 '특별한 맞춤 제작 의상'에서 유래한 용어인데, 기성복인 쁘레따뽀르떼(pret-a-porter)와는 상반되는 용어로써 한 사람 한 사람 그 사람의 특성과 용도에 맞는 옷을 만들어 주던 것에서 유래된 이름이다. 오트 쿠튀르 부케는 보통 보색이나 트로피컬 컬러 등 배색 활용도가 높은 디자인을 자주 사용하는데, 본 작품에서는 더욱 과감한 원색으로 디자인해 보기로 한다.

PREP-TIME

30minutes

RUN-TIME

30minutes

SEASON

winter

FLOWERS

- (A) 라넌큘러스 5대
- (B) 프리틸라리아 4대
- (C) 레드피아노 로즈 6~7대
- (D) 튤립 5대
- (E) 실크라넌큘러스 3대
- (F) 함소화 소량
- (G) 카랑코에 테사 소량

TOOLS

방수 테이프, 꽃가위, 리본

HOW TO MAKE

1. 부케의 중심이 되는 레드피아노 로즈의 바인딩 포인트를 로즈의 얼굴과 가까운 지점으로 정한다. 처음 넣었던 로즈보다 얼굴 한 뼘 정도 아래에 레드피아노 로즈를 한 대 더 추가한다. 얼굴이 작은 튤립은 서너 대가량 함께 넣어 줘도 좋다. 단, 튤립을 넣을 때마다 계단 형태로 층층이 내려오도록 잡는다.

2. 전체적인 형태가 삼각형의 모양을 띠고 있을 때 측면으로 회전시켜 처음과 같은 방법으로 층층이 내려오도록 잡아 준다.

3. 어느 정도 모양이 완성될 때쯤 라인감이 예쁘게 떨어지는 프리틸라리아를 로즈 바로 옆에 올라오게 배치한다. 부케 사이사이 빈 곳은 함소화를 넣어 채워 주고, 실크라넌큘러스와 라넌큘러스도 채워 가며 볼륨감을 더한다.

4. 부케를 회전시키며 전체적인 형태를 체크한다. 답답하게 뭉쳐 보이는 곳에 카랑코에 테사를 추가해 형태에 재미를 더한다. 잘 잡힌 부케의 줄기 부분은 깨끗하게 정리한 후 방수 테이프로 바인딩 포인트를 단단히 고정한다.

HOW TO MAKE (발레리나 슈즈 리본 매듭)

1 리본을 50cm가량 잘라 양쪽으로 길게 편 후 중앙에 부케를 둔다.

2 부케의 앞 지점에서 양쪽 리본이 서로 교차되게 시계 반대 방향으로 한 바퀴 반 꼬아 준다.

3 꼬아진 리본의 양쪽을 그대로 다시 뒤로 보낸다. 뒷부분도 같은 방식으로 꼬아 다시 앞으로 리본을 넘긴다. 같은 방법으로 앞, 뒤로 두 번 정도 반복해 준다.

4 신부가 잡는 부케의 바디 부분이 예쁘게 잘 마무리가 되었다면 부케의 측면에서 리본으로 묶어 마무리한다.

Lesson 8

tropical bouquet

트로피컬 부케

본래 트로피컬은 '열대 지방의', '열대의'란 뜻으로, 열대 지방의 야자수나 열대 꽃 등이 프린트된 이국적인 느낌의 패션을 뜻한다. 보통 하와이주와 남태평양, 중남미, 아프리카, 동남아시아 등이 트로피컬 패션의 근원지인데 밝고 대담하며 강렬한 색채를 사용하여 멋스러움과 아름다움을 표현한다.

열대 지방의 느낌이 나는 트로피컬은 채도가 높은 노랑, 초록, 파랑 등의 강렬한 컬러를 사용해 존재감을 확실히 보여 주는데, 르자당에서 최근 몇 년간 가장 많은 사랑을 받고 있는 색감 또한 트로피컬이다. 다채롭게 조합하여 사용되는 이 색상은 매우 화려한 배색이 가능해, 보는 이로 하여금 주목을 받게 한다는 충분한 장점이 있다. 반면, 명도와 채도 조절에 실패해 균형이 깨지면 산만함을 가져다줄 수 있으니 색상을 사용할 때 채도의 변화에 주의해서 제작한다.

PREP-TIME

30minutes

RUN-TIME

40minutes

SEASON

winter

FLOWERS

- Ⓐ 골든볼 3대
- Ⓑ 유채꽃 1단
- Ⓒ 시레네 소량
- Ⓓ 수선화 3대
- Ⓔ 카네이션 3~6대
- Ⓕ 다알리아 3대
- Ⓖ 양귀비 소량
- Ⓗ 거베라 3~4대
- Ⓘ 화이트 부부젤라 로즈 2대
- Ⓙ 율두스 로즈 3대
- Ⓚ 핑크 로즈 소량
- Ⓛ 올포 로즈 소량
- Ⓜ 튤립(주황, 노랑, 보라) 소량
- Ⓝ 델피늄 5대
- Ⓞ 라넌큘러스 5대
- Ⓟ 온시디움 3대
- Ⓠ 스위트피 4~5대

TOOLS

방수 테이프, 꽃가위

HOW TO MAKE

1 다발의 중심이 되는 율두스 로즈를 중심에 놓는다. 꽃 얼굴에서 한 뼘 정도 아래를 바인딩 포인트로 지정한 후 스파이럴로 잡아 준다. 보통의 다발과는 다르게 트로피컬은 그룹핑이 아닌 색감 하나하나가 돋보일 수 있게 종류별로 한두 대씩 배치하는 편이 좋다.

2 주황색 튤립 두 대를 3cm가량 높낮이 차이를 두고 잡은 후, 그 사이에 델피늄과 유채꽃을 넣어 준다. 다발의 전체적인 분위기에 결정적인 역할을 하는 파란색 델피늄과 유채꽃은 다발을 회전시킬 때마다 적절히 추가하면서 전체적인 밸런스를 맞춰 준다.

3 빈 곳에는 카네이션 두 대를 높이감을 달리 배치하여 풍성함을 더한다. 손안에서 두께감이 빠르게 채워질수록 다발을 잡기가 한결 쉬워진다. 라넌큘러스도 사이에 배치한다.

4 재료의 종류가 많아질수록 다발이 한 곳에 뭉쳐 보이지 않게 높낮이를 주는 게 중요하다. 스위트피는 다발의 가장자리에 배치해 시선을 분산시켜 준다. 수선화는 꽃의 정면이 잘 보이게끔 로즈보다 한 뼘 높이 올려 주고, 올포 로즈와 화이트 부부젤라 로즈를 추가 배치해 색의 다양함을 더한다.

5   같은 방법으로 꽃다발을 회전시켜 가며 유채꽃을 추가한다. 다른 색의 스위트피를 추가하기도 하고, 핑크 로즈를 무게감 있게 배치하기도 한다. 다발에 노란 색감이 많아지면 쨍한 느낌은 더욱 강해진다. 계속해서 다발을 회전시켜 가며 노란색 튤립을 추가해 준다.

6   봄의 유채꽃은 다발을 좀 더 화사하게 연출해 주기 때문에 더 길게 빼 주어도 좋다. 온시디움처럼 끝이 뾰족한 꽃은 다발의 양쪽 가장자리에 길게 추가해 준다. 동글동글한 모양이 독특하고 귀여운 골든볼을 추가한다.

7   거베라는 다발의 중앙에 포인트 꽃으로 넣어 주고, 다알리아는 우측에 포인트 꽃으로 넣어 준다. 다발 사이사이 비어 보이는 곳에 시레네는 다른 꽃보다 5cm가량 튀어나오게 배치한다. 얼굴이 잘 구부러지는 양귀비와 색이 강렬한 염색 보라 튤립은 다발의 사이드에 마지막으로 추가한다.

8   유채꽃으로 곳곳을 풍성하게 채워 준다. 봄의 분위기를 맘껏 느낄 수 있을 뿐만 아니라 전체적인 균형을 맞출 수 있다. 이 레슨에서는 비교적 많은 종류의 꽃이 들어가기 때문에 얼굴이 큰 메스 플라워 사이로 잔잔한 꽃들을 적절히 배치해야 한다. 이는 풍성함을 유지하면서도 꽃들이 뭉쳐 보이지 않는다.

TIP

- 트로피컬 꽃다발에는 연핑크, 주황, 노랑, 파랑, 진핑크 5가지를 기본으로 사용한다. 예외인 경우도 있지만, 본 레슨의 꽃들처럼 쨍한 컬러감을 가지고 있는 필러나 포인트 꽃들로만 사용하고 있다. 빨간색이나 하얀색의 메스 플라워를 섞을 경우에는 트로피컬 색감을 죽이는 경우가 더러 있어 필자는 잘 사용하지 않는다.
- 트로피컬 색감에서 가장 중요한 포인트 색이 파란색인데, 보통 쨍한 파란색의 델피늄을 가장 많이 사용하고, 대체 재료로는 파란색 스티파를 사용하기도 한다. 요즘에는 염색된 꽃도 쉽게 찾을 수 있어 스위트피나 튤립으로 대체하기도 한다.

arm bouquet

암 부케

암 부케는 곡선형 핸드타이드 부케로, 다른 말로 티어드롭 부케라고도 부른다. 대체로 시상식, 촬영 부케, 본식 부케로 많이 쓰인다. 영어로 'Arm'은 팔을 지칭하는데, 팔에 한 송이 한 송이 얹어 가며 만드는 제작 과정 때문에 지어진 이름이다.

인위적인 요소를 배제하고 자연스럽게 흘러내리는 듯한 느낌으로 연출하는 부케에 주로 사용되는데, 앞서 만들어 본 동그란 형태의 부케들과는 대조적으로 미니 라스나 조팝나무 등 긴 형태의 꽃과 소재를 함께 사용해 라인감을 표현하며 늘어지게 제작한다.

PREP-TIME

30minutes

RUN-TIME

30minutes

SEASON

spring

FLOWERS

- Ⓐ 히아신스 4대
- Ⓑ 튤립 3대
- Ⓒ 자포이카 1대
- Ⓓ 하이드파크 로즈 3대
- Ⓔ 디디스커스 4대
- Ⓕ 미모사 소량
- Ⓖ 미니 라스(미니 글라디올러스) 1단
- Ⓗ 웨딩드레스 로즈 소량

TOOLS

방수 테이프, 꽃가위, 리본, 진주 핀

HOW TO MAKE

1   자포이카의 줄기 끝부분을 오른손으로 잡고, 꽃의 얼굴이 팔의 바깥으로 떨어지게끔 왼팔 위에 얹어 준다.

2   한 손으로는 부드럽게 꽃을 쥐고, 또 다른 한 손으로는 디디스커스를 팔 위에 조심스레 얹는다. 이때 얹어지는 모든 꽃은 파라렐로 잡아 준다.

3   떨어지는 라인의 꽃을 따라서 자포이카-튤립-디디스커스 순으로 배치해 길게 라인감을 형성한다. 얼굴이 비교적 큼직한 히아신스는 두 대를 팔목에 기대어 돌아가지 않도록 살포시 얹어 준다. 얇고 기다란 미니 라스는 히아신스의 사이사이에 배치해 빈 곳을 메워 준다. 웨딩드레스 로즈는 히아신스의 줄기를 바로 가리도록 그 위에 얹어 준다.

4   하이드파크 로즈로 히아신스 옆 라인을 채워 주면 중반부부터 점차 두꺼워지는 모습을 볼 수 있다. 미모사는 튤립과 히아신스 사이에 조심스럽게 넣어 색감에 포인트를 더한다. 마지막으로 웨딩드레스 로즈를 부케의 좌측에도 넣어 볼륨감을 키운 후, 끝 라인에 미니 라스를 추가해 긴 라인감을 살려 가며 마무리한다. 오른손으로 잡고 있던 묵직한 부분을 방수 테이프로 고정한다.

5   준비된 리본과 진주 핀을 사용하여 하단의 바인딩 포인트를 가리며 마무리한다.

TIP

- 라인감이 긴 부케이기 때문에 바인딩 포인트는 하단으로부터 ⅓ 지점에서 잡아 준다.
- 부케 모양이 마름모꼴이 될 수 있도록 끝부분은 얇게, 중반부는 두꺼워지는 형태로 잡는다.
- 포인트가 될 만한 얼굴의 꽃을 단계적으로 내리면서 잡는다. 이때 한쪽으로 흘러내리는 소재를 잘 선택하는 것 또한 중요한데 아이비, 줄호엽란 등 라인감이 있는 다양한 소재들로 연출이 가능하다.

PART 3

FLOWER ARRANGEMENT
꽂는 꽃

Lesson 1

pomander

포맨더

본래 포맨더는 향이 좋은 말린 꽃이나 나뭇잎 등을 넣어 옷장이나 방 안에 두는 작은 용기를 말한다. 중세 시대에는 현재의 향수처럼 작은 용기에 담은 향료를 몸에 지니고 다녔는데, 그때 그 향료를 담던 용기를 뜻하는 단어에서 나온 이름이 포맨더이다. 또 다른 말로는 kissing ball, flower ball 등으로도 불린다.

결혼식에서 화동이 먼저 입장하면서 바스켓 안에 든 페탈을 공중에 뿌리게 되는데, 이때 카펫이 더러워지거나 혹은 미끄러져 넘어지는 등 위험을 방지하기 위해 대체된 스페어 부케를 포맨더라고도 한다. 외국에서는 보통 플라워 볼의 리본을 진주로 꾸미거나 크리스털을 넣어 유니크하게 제작하는 등 다양한 형태로 만드는 것을 확인할 수 있다.

PREP-TIME

30minutes

RUN-TIME

1hour

SEASON

winter

FLOWERS

Ⓐ 스위트피 1단   Ⓓ 치어리더 로즈 1단
Ⓑ 디디스커스 소량   Ⓔ 클레마티스 소량
Ⓒ 조팝나무 소량

TOOLS

18번 지철사, 구형 플로랄폼, 리본, 꽃가위

HOW TO MAKE

1 대가 곧고 단단한 로즈 줄기를 한 대 고른다. 로즈의 잎을 모두 제거한 후 남은 줄기를 6cm가량 잘라 기다란 지지대를 만들어 준다.

2 18번 지철사 중앙에 잘라 둔 로즈 줄기를 둔다. 지철사의 양쪽을 중앙에 둔 줄기 위로 한 바퀴 돌린 후 지철사를 한데 모아 준다.

3 과정 2에서 만들어 둔 지철사를 구형의 플로랄폼 중앙 부분에 관통시킨다. 관통해 나온 지철사의 끝부분에 리본을 묶는다. 이 리본은 포맨더의 손잡이가 된다.

4 메인 꽃인 치어리더 로즈를 세 송이씩 그룹핑하며 배치한다. 줄기와 잎은 모두 떼어내고, 원형의 모양을 따라 큰 높낮이 없이 꽂아 준다.

TIP

- 포맨더는 장식용보다는 신부의 들러리인 어린 소녀들이 많이 사용한다. 이때 어린 친구들이 포맨더를 빙빙 돌릴 수 있으니 꽃과 폼이 분리되지 않도록 단단히 고정하는 것이 중요하다.
- 포맨더를 배송할 때는 티슈페이퍼, 습지 등 구김이 잘 가는 종류의 완충재를 넣어 준 후, 상자에 보관해 운반한다. 그래야 꽃이 마르지 않으면서도 안전하게 목적지에 도착할 수 있다.

5   스위트피를 치어리더 로즈의 양쪽에 배치한다. 로즈보다 조금 높게 배치하면 단조로움이 줄어든다. 동그란 모양의 높낮이 편차를 줄이기 위해 위, 아래, 양옆면 네 지점에 각각 치어리더 로즈를 두세 송이씩 그룹핑하여 전체 모양이 원형이 되게 한다. 나란히 한 줄로 꽂는 것보다 균형이 잡혀 좀 더 정교한 모양을 만들 수 있다.

6   그룹핑된 로즈 사이 빈 곳에 조팝나무와 클레마티스같이 높이감을 줄 수 있는 잔잔한 꽃들을 배치한다. 얼굴이 큰 로즈 종류만 일관되게 채우다 보면 단조롭고 답답해 보일 수 있으므로, 잔잔한 꽃들에 높낮이를 주자. 디디스커스는 동그란 얼굴뿐만 아니라 몽우리도 쓰임이 좋다. 중간에 디디스커스 몽우리와 얼굴을 기존 꽃들보다 5cm가량 높게 배치해 라인감을 살려 주자.

7   원형의 포맨더를 위아래로 돌려 보면서 빈 곳에 로즈나 남은 꽃들을 채우고 부족한 곳이 없는지 꼼꼼하게 체크한 후 마무리한다.

Lesson 2

wreath

생화 리스

생화 리스는 그린의 잎 소재, 꽃과 과일 등 다양한 종류의 재료를 활용해 만든 것으로 서양에서는 가정용 크리스마스 데코로 가장 많이 사용된다.

리스는 기원전 그리스에서 전쟁 영웅에게 승리의 월계관을 씌어 주던 것에서 유래되었다는 설과 고대 이집트에서 죽은 자의 영혼을 달래기 위해 리스를 걸었던 것에서 유래되었다는 설이 있다.

보통 리스는 머리에 쓰는 화관, 목에 거는 갈란드 형태, 테이블 위에 두는 테이블 리스 등 다양한 종류가 있으며 지금까지도 리스의 의미에는 많은 심볼과 히스토리가 연결되어 있다.

PREP-TIME

30minutes

RUN-TIME

30minutes

SEASON

spring

FLOWERS

- Ⓐ 설광화 생화 포트
- Ⓑ 클레마티스 3대
- Ⓒ 하이드파크 로즈 1단
- Ⓓ 애니시다 ½단
- Ⓔ 보리사초(유니폴라) 소량
- Ⓕ 디디스커스 4대
- Ⓖ 라그라스 ½단
- Ⓗ 레몬트리 ½단

TOOLS

꽃가위, 링 플로랄폼

HOW TO MAKE

1 물을 충분히 흡수한 링 플로랄폼을 그린 소재인 레몬트리로 채워 준다. 폼의 높이와 소재의 높이 비율은 1:1로 한다. 가지를 일정한 높이가 아니라 낮게도 꽂고 그 옆에 길게도 꽂아 가며 높낮이를 주자.

2   그린 소재가 원형의 리스를 다 덮을 정도로 채워지면 생화 포트 안에 있는 설광화를 잘라 소재 사이사이에 길게 배치한다. 설광화와 같이 선이 얇고 얼굴이 작은 잔잔한 꽃들을 같이 채워 주면 한 가지의 소재만 사용하는 것보다 더 자연스럽고 입체적이다.

3   빈 곳이 없는지 꼼꼼하게 체크해 가며 밑부분까지 리스가 가려지도록 소재를 채운다. 그린 처리부터 섬세하고 디테일하게 잘 이루어진다면 후에 꽃을 꽂았을 때도 정돈되고 풍성해 보인다.

4   풍성하게 채워진 리스를 위에서 봤을 때 삼각형의 위치에 하이드파크 로즈를 두세 대씩 그룹핑해서 꽂아 준다.✽ 높낮이를 줄 때 로즈의 얼굴은 각각 다른 방향을 바라보게끔 잡고, 로즈의 얼굴 반에서 한 뼘 정도로 높낮이를 주면 좋다.

✽ 로즈 배치

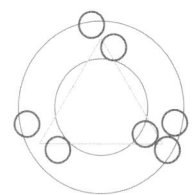

5   로즈를 꽂은 후 로즈 사이사이에 애니시다와 라그라스, 클레마티스를 로즈보다 한 뼘가량 높게 꽂는다. 선이 가늘고 얼굴이 잔잔한 꽃들이 들어감으로써 작품에 입체감이 더해진다.

6   추가로 배치되는 보리사초, 디디스커스 등 가볍고 잔잔한 꽃들은 전체 꽃이 배치된 것보다 3cm가량 높게 꽂는다. 마지막으로 비거나 부족한 공간에 애니시다를 추가로 넣어 주며 마무리한다.

TIP

- 농장에서 구한 생화 포트는 꽃시장에 원하는 색감이나 질감이 없을 때 유용하게 쓰인다. 특히나 포트의 꽃에는 잎이 달려 있어 꽃꽂이를 할 때 그대로 잘라 꽂아 주면 저절로 그린 처리까지 되니 일석이조다.
- 꽃꽂이를 하면서 가장 중요한 게 다듬기다. 클레마티스처럼 꽃 한 송이에 불필요한 가지가 많이 나 있는 경우에는 필요한 얼굴의 마디를 제외한 나머지 가지들을 과감하게 제거해야 한다. 간혹 예쁜 얼굴의 꽃들을 제거하기가 아까워 그대로 사용하는 경우가 있는데, 결국 그 꽃이 다른 꽃들의 얼굴을 방해하는 요소가 된다.

hat box

햇박스

박스 안에 귀여운 모자가 씌워졌다 해서 붙여진 이름이 햇박스(hat box)인데, 샵에서 바구니 종류의 꽃꽂이가 진부해졌다 싶을 때 추천하는 작품 중 하나이다. 귀엽고 앙증맞은 햇박스는 선물하기에도 큰 부담이 없어 손님에게 권하기에 좋다. 보통 화이트 햇박스는 연한 파스텔톤의 꽃과 매치해 세련되고 우아한 느낌을 표현한다면, 검은색 햇박스는 짙은 레드나 퍼플 계열과 같이 톤이 다운된 컬러의 꽃을 배치해 화려하고 고혹적인 느낌을 표현한다.

PREP-TIME

20minutes

RUN-TIME

30minutes

SEASON

winter

FLOWERS

- Ⓐ 스위트피 3대
- Ⓑ 돌셋 로즈 6대
- Ⓒ 클레마티스 3대
- Ⓓ 튤립 5대
- Ⓔ 설광화 생화 포트

TOOLS

꽃가위, 플로랄폼, 플로랄폼 칼, 에어캡, OPP 필름, 햇박스, 리본

HOW TO MAKE

1   물을 충분히 먹은 플로랄폼을 반으로 잘라 햇박스 안에 세로로 넣는다. 이때 물이 햇박스 안에서 흐르는 걸 방지하기 위해 OPP 필름을 먼저 깔아 준 후 플로랄폼을 넣는다. 꽃을 꽂는 면적을 넓게 만들기 위해 바구니 밑에 에어캡을 채워 플로랄폼이 바구니보다 2~3cm 가량 높이 올라오게 한다.

2 플로랄폼의 뾰족한 가장자리를 비스듬히 깎아 내어 꽃을 꽂을 때 더 넓게 사용할 수 있도록 한다.

3 꽃을 꽂는 동안 뚜껑이 닫히지 않도록 줄기 중 가장 대가 두꺼운 로즈 줄기를 골라 플로랄폼 중앙에 10cm 높이로 꽂아 준다. 뚜껑이 줄기에 걸쳐져 살짝 열린 채로 고정이 되면 뚜껑의 가장자리 라인을 따라 꽃을 채워 주면 된다.

4 돌셋 로즈 세 대를 각각 얼굴 반 뼘 차이로 높낮이를 주며 모두 다른 방향을 바라보게 배치한다. 햇박스처럼 꽃을 꽂을 수 있는 면적은 좁은데 로즈의 얼굴이 큰 경우에는 직삼각형 모양으로 로즈를 꽂아 배치하면 기본 구조가 잘 잡힌다. 스위트피와 같이 줄기가 유연하고 얇은 대의 꽃은 로즈 사이사이에 얼굴 반 뼘 정도 올라오도록 높낮이를 주어 배치하여 양쪽 비율을 맞춘다.

5 튤립은 스위트피와 마찬가지로 먼저 꽂은 로즈 옆에 2~3cm가량 높게 배치한다. 단조로웠던 높낮이에 얼굴이 단단하면서도 끝이 뾰족한 튤립이 채워지니 햇박스에 입체감이 살아난다. 클레마티스는 선이 얇고 얼굴이 작으니 앞면과 옆면에 로즈보다 2~3cm 높게 배치하자.

6 마지막으로 비어 보이는 곳은 없는지, 큰 꽃들만 뭉쳐 있어 답답해 보이는 면은 없는지 체크한 후 설광화 잎의 떨어지는 라인감을 그대로 살려 꽂아 준다. 전체적으로 높낮이가 자유로운 이 햇박스는 그 공간에 꽃들이 앞으로 튀어나올 것처럼 가득 찬 느낌이 들어야 더욱 매력적인 작품이 된다. 마지막으로 햇박스에 리본을 묶어 주면 전체적으로 균형 잡힌 구조의 햇박스가 완성된다.

TIP

햇박스에 메인으로 배치할 돌셋 로즈는 굳게 다문 꽃잎을 손으로 한 올 한 올 정성스럽게 뒤로 젖히듯 펼쳐 주자. 예상하지 못했던 다른 모양의 메인 꽃으로 변하게 된다.

vase arrangement

화병 꽂이

초록의 센터피스는 테이블 어디에 두어도 시원한 청량감을 느낄 수 있는 색감의 디자인이다. 보통 화병 내부의 플로랄폼을 노출되게 만들어 시각적으로 싱그러움을 더하기도 하는데, 이는 플로랄폼이 그대로 보여 자칫 좋지 않은 반응을 불러일으킬 수 있다. 따라서 플로랄폼을 엽란으로 감싸거나 계절이 서늘해진 가을에는 구름비나 거친 나뭇가지 등을 화병 외부에 붙여 독특하고 재밌는 작품을 만들기도 한다. 이번 작품에서는 야자잎을 사용해 초록이 주는 싱그러움을 극대화해 보자.

PREP-TIME

30minutes

RUN-TIME

30minutes

SEASON

spring

FLOWERS

- Ⓐ 레몬트리 ⅓단
- Ⓑ 폼폼 국화 5대
- Ⓒ 불두화 1단
- Ⓓ 대형 야자 2대
- Ⓔ 오니소갈룸 2대
- Ⓕ 꽃냉이 소량
- Ⓖ 아미초 소량
- Ⓗ 베로니카 5대

TOOLS

꽃가위, 플로랄폼, 플로랄폼 칼, 화병

HOW TO MAKE

1 야자잎을 양방향으로 교차되게 펼친 후 그 위에 플로랄폼을 중앙에 세워 균형을 맞춘다.

2 플로랄폼과 야자잎을 한 번에 잡아 화병 안에 넣은 후 화병 위로 올라오는 야자잎은 꽃가 위로 화병 높이에 맞춰 잘라 낸다.

3 레몬트리로 먼저 플로랄폼을 채운다. 이때 가지들을 옆으로 나란히 꽂는 게 아니고, 짧은 가지 옆에 긴 가지를 두며 높낮이를 준다.

4 원형의 화병 안에 동그랗게 채워지는 모양이 아닌 양쪽 가장자리를 비대칭으로 높여 입체감을 살린다. 아미초는 직삼각형 모양으로 화병의 앞과 뒤에 적절히 배치해 입체감을 준다. 이를테면 가장 높이 올라오는 좌측의 아미초는 플로랄폼의 뒤쪽에 배치하고, 가장 낮게 꽂는 아미초는 화병의 앞을 볼 수 있게 수평으로 배치한다. 이 화병 꽃이에는 없지만 얼굴이 크고 선이 얇은 소재로 높낮이를 주어 볼륨감을 살리고 균형을 맞춰도 좋다. 불두화는 중간중간 아미초를 따라 공간을 메꾸듯 그 옆에 낮게 채워 준다.

5 중앙에 얼굴이 작은 폼폼 국화를 세 대씩 낮게 그룹핑해 배치한다. 오니소갈룸이나 베로니카처럼 줄기가 유연하고 얇은 대의 꽃은 다른 꽃들 사이에서도 높이가 위로 더 올라오도록 배치한다.

6 모양이 독특한 꽃냉이는 화병의 비어 보이는 곳에 높낮이를 주며 채운다. 잘 만들어진 꽃꽂이는 'V'자 형태를 띤다. 전체적인 균형이나 밸런스가 맞는지 혹은 비어 보이는 공간은 없는지 체크하며 마무리한다.

flower box

플라워 박스

플라워 박스는 보통 중앙에 반지나 웨딩 슈즈를 넣어 프러포즈용으로 많이 사용되어 왔다. 최근에는 기업에서 와인을 선물하거나 브랜드를 홍보할 때도 플라워 박스 안에 특별한 선물을 담아 보내곤 한다. 이번 레슨에서는 꽃으로만 구성했으나 이 책을 보는 독자 분들은 다양한 방법을 도전해 보길 권한다.

플로랄폼 중앙에 필름지를 작은 면적으로 깔아 준 후 그 위에 선물을 올려 보자. 꽃 자체가 주는 아름다움도 있지만, 선물과 꽃 색감의 조화로운 연결로 로맨틱한 무드를 표현할 수 있다.

PREP-TIME

30minutes

RUN-TIME

30minutes

SEASON

autumn

FLOWERS

- Ⓐ 카네이션 소량
- Ⓑ 메밀꽃 소량
- Ⓒ 시레네 3대
- Ⓓ 폼폰 소국 소량
- Ⓔ 몽생미셸 로즈 소량
- Ⓕ 코스모스(핑크) 5대
- Ⓖ 코스모스(피치) 3대
- Ⓗ 염색 백일홍 3대
- Ⓘ 미니 백일홍 소량
- Ⓙ 코스모스(주황) 3대
- Ⓚ 황호접 소량
- Ⓛ 오하라 로즈 5대
- Ⓜ 다알리아 2대
- Ⓝ 투베로사 4대
- Ⓞ 네리네 1대

TOOLS

OPP 필름, 꽃가위, 플로랄폼, 플로랄폼 칼, 박스

HOW TO MAKE

1   물을 충분히 흡수한 플로랄폼을 이등분하여 박스 안에 낮게 깔 수 있도록 준비한다. 물이 새지 않게 OPP 필름을 박스 안에 넣어 방수 처리를 한 후 플로랄폼을 넣어 준다.

2   얼굴이 큰 오하라 로즈를 좌측에 두 송이, 우측에 한 송이씩 각각 배치한다. 로즈를 한꺼번에 그룹핑하면 다른 한쪽이 허전해 보이거나 균형이 안 맞아 보일 수 있다. 보통 세 송이라면 두 송이-한 송이, 다섯 송이라면 세 송이-두 송이로 나누어 면적이나 로즈의 얼굴 크기를 고려해 가며 배치한다.✽

✤ 로즈 배치

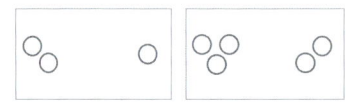

3   같은 방법으로 카네이션을 두 송이, 한 송이씩 좌우에 각각 배치한다. 로즈나 카네이션 등 얼굴이 큰 꽃을 그룹핑할 때 모두 수직으로 꽂기보다는 일부는 방향을 돌려 서로 다른 방향을 바라보게 배치한다. 이때 한두 송이는 처음 꽂은 꽃의 얼굴에서 한 뼘 정도의 높낮이를 줘야 한곳에 뭉쳐 보이지 않고 자연스럽게 연출된다.

4 필러 플라워인 투베로사를 로즈 사이에 배치해 빈 곳을 메우면서 질감의 재미를 더한다.

5 염색 백일홍은 모양도 색감도 아름다워 포인트로 주기에 좋다. 로즈보다 2cm가량 높이 올려 존재감을 드러내자. 얼굴이 큰 레몬빛 다알리아를 중앙에 배치할 때는 수직으로 배치하면 기존의 꽃들 사이에서 뭉쳐 보일 수 있으니 살짝 우측을 바라보도록 꽂아 잔잔한 꽃들을 배치할 여유 공간을 만든다.

6 큰 꽃 옆에 얼굴이 작은 잔잔한 꽃을 함께 섞어 박스가 단조로워 보이지 않도록 한다. 시레네와 메밀꽃, 황호접은 빈 곳을 채우는 용도로 배치하고, 코스모스와 미니 백일홍으로 높낮이를 준다.

7 시레네나 메밀꽃과 마찬가지로 빈 곳을 폼폼 소국으로 채운다. 한 대보다는 두세 대씩 높낮이를 주며 그룹핑하면 좋다. 주황색 코스모스는 포인트 꽃으로 로즈보다 1~2cm가량 높이 배치한다.

8   네리네는 모양이 독특해 존재감이 큰 꽃이다. 박스가 조화롭게 완성되었다면 포인트를 주고 싶은 곳에 배치한다.

9   몽생미셸 로즈는 빈 곳을 채움과 동시에 다른 꽃들 위에서 포인트가 되도록 배치한다. 핑크색 코스모스와 피치색 코스모스는 기존 꽃들보다 1~2cm 높이 올려 포인트로 꽂는다. 가볍게 흔들리는 모습으로 입체감 있는 플라워 박스가 완성된다.

TIP

- 박스에 플로랄폼을 그대로 넣으면 박스가 그 무게를 이기지 못해 찢어질 위험이 있다. 반드시 이등분하여 무게를 덜어 준다.
- 박스 안에 꽃을 너무 빽빽하게 꽂으면 꽃이 뭉쳐 보일 수 있으니 얼굴이 큰 꽃 사이에 잔잔한 꽃을 넣어 가며 공간에 여유를 두고 배치하자.
- 코스모스는 줄기가 연약하니 이미 가득 찬 꽃들 사이에서 부러지지 않도록 주의하며 꽂는다.
- 박스는 보통 뚜껑을 닫는 형태와 여는 형태로 나뉜다. 뚜껑을 닫았을 때는 높낮이가 없기 때문에 여는 형태의 박스보다 꽃이 덜 들어간다. 따라서 디자인 방식에 따라 판매가도 다르게 책정한다.

Lesson 6

natural basket

내추럴 바스켓

해마다 어버이날이면 많이 판매되는 디자인 중 하나가 꽃바구니다. 꽃 선물을 받는 분이 큰 어려움 없이도 집에서 관리하기 편하고, 바구니의 재사용이 가능하니 필자도 가장 많이 추천하는 아이템이다. 본 작품에서는 소재와 바구니의 높이를 1:1 비율로 맞춰 소재를 먼저 채운 다음에 꽃을 채우는 방식을 택했다. 소재를 풍성하게 채운 후 꽃을 채워 주면 빈틈없고 풍성한 느낌의 내추럴한 바스켓이 완성된다.

144

PREP-TIME

30minutes

RUN-TIME

30minutes

SEASON

autumn

FLOWERS

(A) 베로니카 3대
(B) 염색 튤립 3대
(C) 염색 리시안셔스 소량
(D) 라일락 5대
(E) 메밀꽃 소량
(F) 캐리 로즈 3대
(G) 히아신스 2대
(H) 염색 로즈 5대
(I) 벨 클레마티스 2대

(J) 아스틸베 3대
(K) 코스모스 2대
(L) 염색 카네이션 5대
(M) 어텀 유칼립투스 소량
(N) 카라 소량
(O) 영춘화 ½단
(P) 레몬트리 ½단
(Q) 아미초 1대(사진 없음)

TOOLS

OPP 필름, 플로랄폼, 플로랄폼 칼, 꽃가위, 원판, 바구니, 리본

HOW TO MAKE

1. 바구니 안에 OPP 필름을 깔아 준 후 물을 충분히 흡수한 플로랄폼을 바구니 모양에 맞게 재단해 넣는다. 레몬트리로 플로랄폼이 보이지 않게 채워 준다. 이때 소재의 높이는 손잡이를 제외한 바구니의 높이와 1:1 비율이 되게 한다.

2. 레몬트리를 꽂을 때는 가지를 옆으로 나란히 꽂지 않도록 주의한다. 바구니의 앞면에서는 수평으로 꽂기도 하고, 높은 가지가 있다면 그 옆에 낮은 가지로 채우는 등 가지의 높낮이와 방향을 다르게 하여야 후에 꽃을 꽂을 때도 자연스럽게 연결된다.

3. 플로랄폼이 가려지도록 레몬트리를 풍성하게 채운 뒤, 잎의 모양이 다른 영춘화를 사이사이 꽂는다. 같은 소재라도 잎이나 질감이 다르기 때문에, 한 가지로 채울 때보다는 두세 종류의 소재를 함께 믹스했을 때 꽃바구니가 더 입체적이고 자연스럽다.

4. 기존의 소재들 사이에 어텀 유칼립투스와 라일락을 꽂는다. 라일락처럼 끝이 뾰족한 라인감의 소재는 양쪽 가장자리에 손잡이 높이만큼 높게 꽂고, 중앙 부분에는 수평으로 라인감을 길게 빼내 내추럴한 느낌을 살린다.

5   같은 종류의 염색 로즈 세 송이를 직삼각형의 모양이 되도록 배치한다. 로즈의 일부는 방향을 돌려 서로 다른 쪽을 바라보게 하면 더 자연스러운 연출이 가능하다.

6   염색 카네이션은 바구니의 중앙에 세 송이를 그룹핑해서 배치한다. 이때 첫 번째 카네이션을 낮게 배치하고 다음에 오는 카네이션은 앞에 꽂은 카네이션의 얼굴을 반 정도 가리게끔 비스듬히 꽂는다.

7   질감과 형태가 독특한 히아신스는 바구니 중앙에 두 송이를 수평으로 튀어나오게 꽂아 준다. 히아신스는 존재감이 큰 꽃이기에 바구니에서 위치 선정을 잘해야 한다.

8   카라 한 대는 히아신스의 우측에 얼굴이 보이도록 꽂고, 다른 한 대는 바구니의 뒷면 좌측에서 로즈 옆으로 길게 빼서 꽂아 준다. 빈 곳을 채우는 과정이다. 얼굴이 큰 종류의 꽃을 채울 때는 옆에 자리한 꽃과 얼굴이 붙지 않도록 간격을 띄워서 배치한다. 비어 보이는 공간은 후에 필러 플라워나 라인 플라워로 채워 주면 된다.

9   휘어지는 선의 베로니카는 배치된 전체 꽃보다 3cm가량 더 길게 빼내 자유로운 느낌을 더하자. 이는 얼굴이 큰 로즈나 히아신스와 같은 꽃들이 뭉쳐 보일 때 시선을 분산시키는 역할을 한다. 염색 튤립은 얼굴을 피운 후 염색 로즈와 마찬가지로 직삼각형 모양으로 장미보다 한 뼘 높게 포인트로 꽂아 준다.

10 튤립을 꽂은 후에도 여전히 비어 보이는 공간에 아스틸베를 배치한다. 아스틸베는 가장자리에서 높낮이를 줄 뿐만 아니라 뾰족한 끝 모양과 도톰한 바디로 빈 곳을 자연스럽게 채워 주기도 한다. 캐리 로즈는 각각 두세 송이씩 우측에 그룹핑하여 배치한다.

11 벨 클레마티스를 직삼각형으로 배치하는데, 한 대는 손잡이 위까지 올라가도록 길게 빼내고, 다른 한 대는 먼저 꽂은 벨 클레마티스보다 낮게 비대칭으로 우측에 배치한다. 나머지 한 대는 좌측 앞쪽에서 수평으로 꽂는다. 바구니 좌측 앞면으로 아미초를 길게 배치해 바구니에 재미를 더한다.

12 코스모스를 우측에 길게 빼서 높이감을 주고, 사이사이에 메밀꽃을 채운다. 바구니의 뒷부분까지 꼼꼼하게 체크한 후, 비어 보이는 곳에 염색 리시안셔스를 채운다. 완성된 바구니에 어울리는 색감의 리본을 달아 마무리한다.

TIP

- 바구니에 소재를 채울 때 양쪽은 길게 배치하고, 가운데는 낮게 배치해 'V' 모양을 만들어 입체적인 효과를 낸다. 필자는 이를 구조를 잡는 일이라고도 하는데, 플로랄폼이든 물에 꽂는 꽃이든 기본 구조가 잘 세워져야 꽃을 배치하는 작업이 쉬워진다.
- 라인이 있는 꽃들을 길게 꽂을 때는 꽃이 바깥으로 젖혀지지 않게 한다. 위쪽으로 곡선을 따라 뻗어 올라가는 형태로 얼굴의 방향을 잘 살펴본 후 꽂아 준다.
- 바구니에 쓰인 캐리 로즈는 얼굴을 최대한 피워 낸 후 사용했다.

romantic basket

로맨틱 바스켓

꽃바구니는 크게 두 가지 방법으로 완성할 수 있다. 이전 작품의 내추럴 바스켓처럼 소재를 먼저 채우고 꽃을 꽂는 방법과 소재 없이 꽃과 필러로만 채우는 방법이 있다. 본 레슨의 바구니는 핸들이 안쪽에서 이어져 있어 꽃을 꽂는 면적이 좁아 소재가 없어도 풍성한 연출이 가능하다.

손잡이가 없는 사각 형태의 바구니나 꽃을 꽂는 면적이 넓은 사이즈의 꽃바구니는 꽃이 많이 들어가도 빈 곳이 쉽게 노출될 수 있다. 때문에 그린 소재를 충분히 채워주어야 빈 곳 없이 풍성하게 제작이 가능하다. 이 외에도 바구니의 모양이나 넓이에 따라 만드는 과정이 크게 달라질 수 있으니, 본인의 스타일과 가장 잘 어울리는 방법의 바구니를 택해서 꽃꽂이를 완성하면 된다.

152

PREP-TIME

30minutes

RUN-TIME

30minutes

SEASON

autumn

FLOWERS

- Ⓐ 꼬리조팝 3대
- Ⓑ 코스모스 3대
- Ⓒ 오하라 로즈 5대
- Ⓓ 백일홍 5대
- Ⓔ 폼폰 소국 소량
- Ⓕ 몽생미셸 로즈 소량
- Ⓖ 메밀꽃 소량
- Ⓗ 시레네 소량
- Ⓘ 아스틸베 3대
- Ⓙ 카네이션 5대
- Ⓚ 튤립 소량
- Ⓛ 아미초 3대(사진 없음)

TOOLS

플로랄폼 칼, 플로랄폼, 꽃가위, 바구니, OPP 필름, 리본

HOW TO MAKE

1 준비된 바구니에 OPP 필름을 깔아 준 후, 그 위에 플로랄폼을 올려 준다. 바구니 밖으로 삐져나온 필름지는 제거한다.

2 얼굴이 큰 오하라 로즈 세 송이를 직삼각형 형태로 꽂는다. 이때 우측 한 송이는 바구니의 손잡이 라인에 살짝 걸쳐지도록 배치하자. 얼굴이 큰 꽃을 모두 같은 방향으로만 꽂으면 뭉쳐 보일 수 있으니 일부는 방향을 돌려 서로 다른 쪽을 바라보게 배치하자.

3 카네이션은 바구니의 중앙에 세 송이를 그룹핑해서 배치한다. 이때 첫 번째 카네이션을 낮게 배치하고 다음에 오는 카네이션은 앞서 꽂은 카네이션의 얼굴을 반 정도 가리게끔 배치한다. 카네이션은 바구니의 앞쪽을 바라보도록 꽂아 준다. 소재를 따로 채우지 않기 때문에 중간에 필러 역할을 하는 꽃을 배치하는 것도 중요하다. 여기서는 꼬리조팝을 메스 플라워인 오하라 로즈 사이사이에 배치했다.

4 아미초는 라인이 얇고 일자로 곧게 뻗어 있으면서도 휘어짐이 예쁜 꽃이다. 좌측에 두 대를 높낮이가 다르게 길게, 우측에는 입체감이 형성될 수 있도록 수평으로 배치한다.

5   메밀꽃은 라인이 가늘고 휘어짐이 좋아 높낮이를 주기에 좋다. 메밀꽃의 초록 잎을 모두 제거한 후 바구니의 앞쪽에는 바구니에서 떨어지듯 배치하고, 위쪽으로는 곡선의 라인을 잘 살려 높낮이를 준다. 폼폼 소국은 우측 중앙에 세 송이씩 그룹핑해서 꽂아 준다.

6   얼굴이 큰 꽃을 배치한 후에도 여전히 플로랄폼이 보인다면 빈 곳에 필러 역할을 하는 작은 꽃을 채워 주면 좋다. 여기서는 바구니 하단의 빈 곳과 중앙에서 바라보는 공간에 시레네를 채웠다. 한 줄기에 여러 대의 잔잔한 꽃들로 이루어져 있어 채우기에도 좋고, 높낮이를 주어 포인트로 주기에도 좋은 꽃이다. 예쁘게 염색된 백일홍은 포인트 꽃으로 쓰여 좌측과 우측에 각각 로즈보다 얼굴 한 뼘 정도 높이 올려 사랑스럽게 표현한다.

7   몽생미셸 로즈는 딸기 우윳빛 색감이 사랑스러워 핑크 색감의 주문에 자주 사용한다. 폼폼 소국과 마찬가지로 그룹핑해서 바구니 하단의 빈 곳을 메우기도 하고 우측에는 오하라 로즈 사이에서 포인트 꽃으로도 사용한다. 아스틸베의 뾰죽한 모양을 좌측에 높이 올려 주면 밋밋했던 바구니가 입체적으로 연출된다.

8   우측 손잡이 위쪽으로 튤립을 길게 꽂고 좌측에는 선이 아름다운 코스모스를 존재감 있게 올려 배치한다. 다른 코스모스 한 대는 바구니에서 수평으로 길게 꽂아 주고, 또 다른 한 대는 바구니의 손잡이 너머로 길게 꽂아 준다. 손잡이를 제외한 바구니의 비율이 1이라면 코스모스의 높이는 그보다 1.5배 정도 높여 준다고 생각하면 쉽다. 마지막으로, 준비된 실크 리본을 한쪽으로 흘러내리도록 연출하며 마무리한다.

TIP

- 바구니 폭이 비교적 좁은 편이니 배치한 꽃을 빼서 다시 꽂지 않도록 주의하자. 한 번 꽂았던 곳은 플로랄폼이 붕괴되어 꽃이 물을 충분히 흡수하기 어렵다.
- 꽃바구니를 오래 보관하려면 플로랄폼이 마르지 않도록 물을 채워 준다. 이때 꽃이 물에 닿지 않도록 주의하자.

Lesson 8

birdcage decoration

새장 장식

꽃을 하면서 어디서 영감을 받느냐는 질문을 많이 받는다. 필자는 꽃 위에 살포시 앉아 있는 나비에서 영감을 받기도 하고, 전시회에서 많은 영감을 받기도 한다. 어떤 때에는 쌓아 둔 토분을 보면서 여기에 식물이 아닌 꽃을 채우면 어떨지 상상하며 틈틈이 기록해 둔 후 상품화한다.

매 시즌 새로운 아이템을 창작해 내야 하는 것도 플로리스트의 큰 숙제이다. 지난 어버이날 동안에도 르자당에서는 나비 센터피스, 엄마의 정원, 도시락 카네이션 등 다양한 아이디어를 만들어 냈다. 시즌마다 늘 같은 상품을 내놓을 수 없으니 여러 가지 아이디어를 끊임없이 짜내고 스토리를 넣어야 고객들이 끊임없이 찾아 준다.

이번 레슨에서는 평범한 새장에 "비록 새장 안에 예쁜 새는 없지만 인생을 자유롭고 향기롭게 즐기길 바라는 마음을 담아 보냅니다."라는 스토리를 넣었다. 이렇게 평범한 사물에 의미를 부여하면 재미있는 스토리가 완성된다. 오늘부터는 평범하게 지나친 사물에 꽃을 올려 두는 상상을 해 보자. 모든 것이 자극이 되고, 경험이 된다.

PREP-TIME

30minutes

RUN-TIME

30minutes

SEASON

spring

FLOWERS

- (A) 자스민 소량
- (B) 이브피아제 로즈 2~3대
- (C) 오색마삭줄 소량
- (D) 튤립 2~3대
- (E) 작약 2대
- (F) 카랑코에 테사 소량
- (G) 실크라넌큘러스 2~3대
- (H) 겹튤립 2대
- (I) 페어리테일 로즈 1대
- (J) 설유화 소량(사진 없음)
- (K) 레몬트리 소량(사진 없음)

TOOLS

회전판, 꽃가위, 플로랄폼, 플로랄폼 칼, OPP 필름, 새장, 이끼, 18번 와이어

HOW TO MAKE

1. 물을 충분히 적신 플로랄폼을 ½가량 잘라 준다.

2. 새장의 뚜껑을 열어 물이 새지 않도록 OPP 필름과 함께 플로랄폼을 넣은 후, 새장 밖으로 나오는 필름지는 보이지 않도록 제거한다.

3. 새장 바깥에 노출되는 플로랄폼을 가리기 위해 플로랄폼과 새장 사이 빈 곳에 이끼를 둘러 준다. 이때 이끼가 고정될 수 있도록 18번 와이어를 잘라 U자 형태로 구부려 U자 핀을 만든 다음, 이끼 중앙부에서 플로랄폼까지 깊숙이 넣어 고정해 준다.

4. 플로랄폼에 레몬트리를 꽂아 그린 처리를 해 준다. 새장의 뚜껑을 열어서 중앙에 낮게 배치하기도 하고, 새장의 바깥에서 안쪽으로 밀어 넣기도 하며 그린이 안팎으로 자유롭게 배치될 수 있도록 한다.

5   오색마삭줄도 마찬가지로 새장의 안과 바깥 부분에 채워 라인감을 만들어 준다.

6   비슷한 화형을 가진 이브피아제 로즈와 작약을 각각 한 대씩 새장의 바깥에서 안쪽으로 밀어 넣어 입체감을 준다. 새장의 뚜껑을 열어, 작약과 이브피아제 로즈, 페어리테일 로즈를 얼굴 방향과 높낮이가 다르게 수직으로 배치한다.

7   새장 뚜껑을 완전히 열어젖혀 튤립을 역삼각형 모양으로 꽂아 준다. 이때 튤립은 다른 꽃들보다 얼굴 한 뼘 정도로 올라오게 배치한다. 필자는 여기서 좌측에 겹튤립, 우측에 일반 튤립을 넣었다. 설유화는 얇은 대에 여러 개의 잔잔한 꽃들이 달려 있어 라인감을 주기에 좋다. 새장 밖에서 수평으로 넣기도 하고, 수직으로 넣기도 하면서 실크라넌큘러스와 함께 새장에 입체감을 더해 보자. 카랑코에 테사와 자스민으로 중앙의 빈 곳을 메워 준다.

8   새장의 바깥 라인과 안쪽이 충분히 디자인되었다면 마무리한다. 완성된 장식은 새장 안에서 갓 피어난 정원 같은 느낌으로 연출된다.

TIP

- 이끼를 물에 한 번 적셔서 사용하면 더욱 생동감 있게 표현할 수 있다.
- 작약을 구매할 때는 꽃잎이 변색되었거나 꽃이 곧 질 것처럼 만개한 꽃 혹은 너무 단단한 몽우리는 개화되지 않은 채 시들어 버릴 수 있으니 피하도록 하자.
- 새장 장식의 형태는 정답이 없다. 새장의 꼭대기에서 줄 아이비가 내려오기도 하고, 검은색 베리류의 다정금을 앞에 채워 주어도 좋다. 바깥에만 꽃을 채울 수도 있고, 단정하게 안쪽으로만 채워도 좋다. 폭 넓은 창의력은 다양한 아이디어를 불러일으킨다.
- 플로랄폼을 자를 때는 잡고 있는 손에 힘을 세게 주지 않도록 주의하자. 간혹 심한 압력에 의해 폼에 손자국이 날 경우, 그 부분의 공기층이 파괴되고 물이 충분히 머무르지 못해 이후 꽃의 수명에 지장을 줄 수 있다.

Lesson 9

composition

콩포지시옹

프렌치 스타일 플라워 디자인 중 대표적인 아이템이다. 꽃에만 국한되지 않고, 채소나 과일 등을 함께 사용하여 내추럴하면서도 꽃을 더 돋보이게 하니, 꽃이 결국 자연에서 왔다는 것을 실감하게 해 준다.

수업을 할 때에 제철의 꽃과 재료를 주로 사용하는데, 봄에는 금귤나무를 사용하기도 하고, 여름에는 대파와 풋고추를 활용하기도 하며, 가을에는 버섯을 사용해 빈티지한 느낌을 연출하는 등 꽃과 재료를 잘 사용하면 질감과 형태가 더욱 풍성하게 연출된다. 어떤 종류이든 간에, 그에 맞는 컬러를 잘 맞추면 꽃 작업을 하면서 필요한 아이디어와 창의성을 만드는 데에도 큰 도움이 된다.

이 작품에서는 메인 재료인 당근에 비비드한 봄의 색을 입혀 보았다. 사진 속의 재료가 아니더라도 집 앞 꽃집에서 구입한 꽃과 냉장고 속 채소 한 종류만 있다면 충분하다. 일상에서 쉽게 구할 수 있는 재료와 함께 싱그러운 봄의 센터피스를 만들어 보자.

PREP-TIME

30minutes

RUN-TIME

30minutes

SEASON

spring

FLOWERS

- Ⓐ 꽃냉이 소량
- Ⓑ 수국 1대
- Ⓒ 금잔화 소량
- Ⓓ 설유화 2대
- Ⓔ 라넌큘러스 5대
- Ⓕ 스카비오사 2대
- Ⓖ 양귀비 1단
- Ⓗ 튤립 3대
- Ⓘ 스위트피 3대
- Ⓙ 골든볼 3대
- Ⓚ 실크라넌큘러스 2대

TOOLS

당근, 방수 테이프, 플로랄폼, 플로랄폼 칼, 꽃가위, 18번 와이어

HOW TO MAKE

1   플로랄폼을 이등분한다.

2   반으로 자른 플로랄폼을 세워서 한층 더 얇게 잘라 낸다. 이는 당근의 기본 두께가 두꺼워 전체 모양이 너무 두꺼워지지 않게 하기 위함이다.

3   18번 와이어를 잘라 가위의 단단한 힘을 이용해 U자 형태의 핀을 여러 개 만들어 둔다. 손으로 무작정 구부리는 것보다 가위를 이용해야 U자 모양이 더 잘 만들어진다.

4   사용할 채소는 미리 깨끗하게 씻어서 재단해 둔다. 이때 모양을 모두 균일하게 자르면 단조로워 보일 수 있으니, 높낮이나 두께를 조금씩 달리하여 작품을 재미있게 연출해 주자. U자 핀을 당근의 중앙부에서 플로랄폼까지 깊숙이 넣어 고정한다.

5   짧은 시간에 즉흥적으로 큰 부담 없이 재미있게 만드는 것이 콩포지시옹의 매력이다. 그러니 야채가 모자라도 당황하지 말자. 만드는 방법이 정해져 있는 아이템이 아니므로 자유롭고 창의적으로 만들어 보자. 여러 종류의 채소와 과일을 사용해도 상관없다. 야채가 너무 균일해 보이지 않도록 하나씩 대보며 계속해서 고정해 나간다.

6   뒷면까지 고르게 고정해 준다. U자 형태의 와이어를 꽂을 때는 모두 같은 선상에 꽂아야 후에 와이어를 가리기가 편하다.

7   와이어만 꽂고 마무리하면 확실한 고정이 어렵기 때문에, 방수 테이프를 와이어를 꽂은 라인을 따라 감아 한 번 더 고정한다.

8   테이프로만 감아 두면 미완성처럼 보일 수 있다. 따라서 테이프로 둘러 준 라인을 따라 줄호엽란을 감아 주는데, 한 대로는 짧으므로 두 대를 묶어 사용한다. 사진 속의 소재는 줄호엽란이지만 대체 소재로 줄헤드라, 줄아이비, 스마일락스, 스프링게리 등이 있다. 대파, 쪽파, 미나리, 부추 등 다양한 형태의 채소를 사용해도 재미있는 연출이 나올 수 있다.

9   고정된 테이프의 라인을 따라 두 줄을 이은 줄호엽란을 감아서 고정한다.

10 수국의 마디를 얇게 잘라 잘게 나누어 플로랄폼이 노출되는 윗면과 당근 사이의 빈 곳을 채운다. 이때 수국과 마찬가지로 스위트피도 마디마디를 잘라 빈 곳을 함께 채워 준다.

11 라넌큘러스와 금잔화, 골든볼은 포인트 꽃으로 사용한다. 바탕으로 깔아 둔 수국 위에 존재감이 도드라지게 배치한다. 양귀비나 실크라넌큘러스처럼 휘어짐이 있는 라인의 꽃들은 기존에 배치한 꽃보다 한 뼘 위로 배치해 준다. 튤립으로 뒷면의 빈 곳을 채워 준다.

12 당근 아래에는 스카비오사처럼 얼굴이 큰 종류의 꽃을 플로랄폼에 가깝게 배치해 노출되는 플로랄폼을 가려 준다. 마지막으로 꽃냉이로 빈 곳을 채우고, 설유화는 기존의 꽃들보다도 높게 꽂으며 마무리한다.

TIP

- 당근의 두께가 두껍기 때문에 미리 반으로 손질해 두고 사용하자.
- 와이어를 U자로 접었을 때의 길이는 플로랄폼의 옆면을 두를 채소의 두께 및 성질을 고려하여 재단해 주어야 한다.
- 버섯처럼 말랑한 채소는 와이어가 잘 통과하기 때문에 너무 두꺼운 와이어를 사용하면 버섯이 찢어질 수 있고, 당근처럼 딱딱한 성질을 가진 야채는 두꺼운 와이어를 선택해 힘을 받을 수 있게끔 해야 한다. 또한 당근은 슬라이스를 해도 두께가 있으므로 와이어를 U자 모양으로 길게 만들어 플로랄폼에도 깊숙이 들어가게끔 꽂아야 나중에 붕괴되지 않는다.

blue vase arrangement

블루 화병 꽂이

장미는 기원전 2,000년부터 재배되어 왔으며 수많은 교배를 거쳐 그 종류만 해도 1만 5천여 종이 넘는다. 다양한 색이 있지만 파란 장미는 유일하게 자연에서 만들어질 수 없는 색으로 '불가능'이라는 꽃말을 지니고 있었다. 장미에서 파란색이 나지 않는 이유는 파란색을 내는 색소인 델피니딘을 생성하는 유전자가 없기 때문인데, 보통의 다른 꽃에는 델피니딘을 자체적으로 가지고 있어 교배를 통해 색을 만들어 낼 수 있다. 그러나 오랜 연구 끝에 유전자 조작으로 원하는 색을 제조할 수 있게 되었고, 파란 장미의 의미는 이제 '희망', '기적'으로 바뀌었다.

비록 완벽한 파란색이라고 하기는 어려울 정도의 색을 지녔다고 볼 수 있지만, 푸른 계열의 색소가 존재한다는 점에서 성공의 정점에 다다랐다고 할 수 있다. 모두 불가능하다고 여겼던 일을 끝없는 인내와 노력 끝에 가능함으로 이끌어 내는 기적, 간절함과 노력이 다 한다면 인생의 그 어떤 불가능함도 기적으로 만들어 주는 일이 일어나지 않을까?

PREP-TIME

30minutes

RUN-TIME

40minutes

SEASON

summer

FLOWERS

- Ⓐ 신지매 3대
- Ⓑ 부겐베리아 소량
- Ⓒ 솔채 3대
- Ⓓ 옥시 소량
- Ⓔ 리시안서스 3대
- Ⓕ 염색 로즈 5대
- Ⓖ 스카비오사 3대
- Ⓗ 백일홍 2대
- Ⓘ 다알리아 3대
- Ⓙ 카네이션 3대
- Ⓚ 네리네 1대
- Ⓛ 시레네 1대

TOOLS

꽃가위, 플로랄폼, 플로랄폼 칼, 화병

HOW TO MAKE

1. 물을 충분히 흡수한 플로랄폼을 화병에 맞게 재단한 후 화병에 세팅한다. 염색 로즈를 직삼각형 형태로 꽂아 준다. 이때 좌측 끝에 오는 로즈는 다른 로즈보다 살짝 비대칭으로 높게 올린다.

2. 중앙에 오는 카네이션은 로즈 사이에 두세 송이씩 그룹핑해서 꽂아 준다. 이때 카네이션의 높낮이 차이는 얼굴 한 뼘 정도로 잡는다.

3. 신지매를 화병의 양쪽 가장자리에 배치한다. 이는 다른 꽃들이 가장자리의 라인을 따라 쉽게 연결되도록 하는 기본 구조가 된다.

4. 여름에만 볼 수 있는 부겐베리아에 색을 입혀 센터피스의 하단에 볼륨감 있게 채워 준다. 부겐베리아가 없을 시에는 모양이 비슷한 수국으로 대체해도 좋다.

5   색을 입힌 홑 리시안셔스는 여기서 포인트 꽃으로 쓰였다. 로즈보다 얼굴 한 뼘 가량 높게 올리고 센터피스의 앞면에 수평으로 꽂아 입체감을 더한다.

6   다알리아를 비스듬히 배치한다. 다알리아는 얼굴이 크기 때문에 정면을 바라보게 배치하면 공간이 좁아지고 크게 도드라져 혼자서 공간을 지배한다는 인상을 줄 수 있다. 다알리아의 방향을 살짝 틀어서 화병에 꽂아 주자. 두 송이의 길이감을 다르게 하고 한 대는 수직으로, 또 다른 한 대는 수평으로 넣어 뻔하지 않은 방법으로 배치한다.

7   좌측의 다알리아가 길게 올라와 있으니 우측에는 네리네를 길게 올려 양쪽의 균형을 맞춰 준다.

8   잔잔한 필러 플라워인 옥시와 시레네는 빈 곳을 메우기 위해 쓰였으나 앞으로 도드라지도록 꽂아 주면 포인트가 되기도 한다. 좌측의 로즈 뒤로 푹 꺼질 수 있는 위치에 백일홍을 추가해 입체감을 살리는데, 여기서 백일홍은 우측과 좌측의 균형을 맞춰 줌과 동시에 포인트 꽃으로 쓰였다.

9 솔채는 센터피스의 앞쪽에 수평으로 꽂는다. 잔잔한 꽃들이 센터피스의 위, 아래에 배치되면 단조로웠던 작품에 입체감이 더해진다.

10 색을 입힌 스카비오사를 추가로 배치해 풍성함을 더한다. 마지막으로 전체적인 균형이 잘 맞는지 체크한 후 마무리한다.

TIP

- 센터피스뿐만 아니라 폼에 꽂는 작품 대부분은 처음 시작점인 메스 플라워를 직삼각형으로 꽂는다는 개념에서 작업을 시작하면 초보자도 훨씬 더 쉽고 자연스럽게 디자인할 수 있다.
- 완성된 작품은 'V'자 형태를 띤다.
- 카네이션은 흰색부터 짙은 색감까지 색상의 넘나듦이 자유롭고 종류가 무수히 많다. 작품에서도 부족한 색감을 채우는 역할을 하여, 꽃는 작품에는 빠지지 않고 등장하는 꽃 중 하나다. 다만 메인을 받쳐 주는 보조 역할을 하기 때문에 어버이날이나 스승의날이 아니고서는 크게 튀지 않게 안쪽에 배치해 보조 색감 역할을 해 준다.

table centerpiece

테이블 센터피스

얇은 판에 꽂아 테이블을 장식하는 형태의 센터피스이다. 보통 프러포즈 시 "Will you merry me?" 패널을 가운데 두고 센터피스를 양쪽에 두기도 하고, 간담회에서 테이블 위 장식으로 두기도 한다.

테이블 센터피스는 작품이 놓이는 위치에 따라서 수직 혹은 수평적 형태로 디자인할 수 있다. 이런 스페셜한 작품은 반드시 고객의 용도를 먼저 확인한 후 작업을 시작하는 것이 좋다.

PREP-TIME

30minutes

RUN-TIME

30minutes

SEASON

summer

FLOWERS

- (A) 다알리아 6대
- (B) 아스틸베 3대
- (C) 네리네 1대
- (D) 튤립 3대
- (E) 황호접 6대
- (F) 스노우베리 5대
- (G) 메밀꽃 소량
- (H) 카라 1단
- (I) 클레마티스 5대
- (J) 치어걸 아프리콧 로즈 2대
- (K) 시레네 소량
- (L) 몽생미셸 로즈 7대
- (M) 카네이션 5대

TOOLS

플로랄폼, 플로랄폼 칼, 방수 테이프, 꽃가위

HOW TO MAKE

1   꽃을 꽂는 면적이 넓게 쓰일 수 있도록 칼로 플로랄폼의 네 면을 평평하게 깎아 준다.

2   다알리아 세 대를 직삼각형의 형태로 배치한 뒤, 나머지 한 대를 플로랄폼의 우측 뒷면에 길게 수직으로 꽂아 준다.

3   황호접은 V라인의 형태로 플로랄폼의 뒤쪽에 각각 비대칭으로 배치한다. 나뭇가지는 이 작품의 모양을 구성하는 데 중요한 바탕이 된다. 나머지 한 대는 아래를 향하도록 꽂아 플로랄폼 아래쪽으로 늘어지도록 연출하고, 짧게 자른 가지들은 초록의 플로랄폼을 가릴 수 있도록 곳곳에 배치해 풍성함을 더해 준다.

4   카라 세 대는 좌측에 계단 형태로 내려오도록 배치한다. 처음 꽂는 카라는 앞을 보게끔 45도 각도로 위쪽에 배치하고 그다음에 오는 카라는 얼굴이 살짝 아래를 보도록 수평으로 꽂는다. 나머지 한 대는 황호접과 같은 방향으로 길게 아래로 빼낸다.

5   중앙에 오는 카네이션은 다알리아와 카라 사이에 두 송이를 높낮이를 주어 배치한다. 한 대가 낮게 배치되었다면 다른 한 대는 처음 배치된 카네이션의 얼굴 반 정도를 가린다는 느낌으로 바로 뒤에 꽂아 준다.

6   몽생미셸 로즈를 센터피스의 중앙과 우측에 높낮이 있게 배치한다. 로즈를 곳곳에 배치함으로써 다알리아와 함께 색감이 돋보이게 한다.

7 스노우베리는 다알리아 위쪽에 사선으로 오도록 연출하거나 작품의 앞쪽에 수평으로도 꽂는다. 곳곳의 빈 곳은 시레네를 다듬어 플로랄폼이 노출되는 곳을 가리듯 꽂아 준다.

8 메밀꽃은 초록의 잎을 떼어 낸 후 다른 꽃들보다 얼굴 한 뼘가량 올라오도록 곳곳에 배치한다. 그다음, 작품에 풍성함을 더하기 위해 좌측에 아스틸베를 배치한다. 얼굴이 하얀 다알리아는 좌측에서 길게 수직으로 올리고, 다른 한 대도 우측에 낮게 배치한다. 선이 아름답고 유연한 클레마티스는 잎을 적당히 다듬어 양쪽에 길게 늘어트린다. 좌측에 치어걸 아프리콧 로즈와 튤립을 길게 포인트로 배치한 후, 바로 아래에 네리네를 길게 빼 주며 마무리한다.

TIP

- 작품이 테이블의 중앙이나 사방이 보이는 곳에 배치된다면 앞, 뒷면이 모두 보이게끔 꽃을 채워야 한다. 그러나 벽 앞에 두거나 앞면만 보여도 되는 곳에 배치된다면 뒷부분까지 모두 채우지 않고 앞쪽에 꽃을 더 많이 배치하여 불필요한 꽃을 낭비하지 않도록 한다.
- 줄기가 두꺼운 가지를 쓸 때는 물이 충분히 흡수될 수 있도록 줄기 끝에 십자 모양을 낸다. 혹은 줄기를 으스러뜨리는 방법도 있다.

long&low centerpiece

롱앤로우

롱앤로우는 단상 센터피스라고도 많이 불린다. 보통 교회나 성당, 결혼식, 돌잔치 혹은 파티의 테이블 위를 빛내는 센터피스로 자주 사용되니 그 쓰임새가 꽤 다양하다. 이번 레슨에서는 화이트 컬러의 꽃과 그린 컬러의 소재만 사용했다. 별다른 색을 크게 조합하지 않아도 단정해 보이고 어떤 행사에도 잘 어우러진다. 이 기본 색감은 많은 색을 섞지 않아도 질감이나 형태에 조금만 변화를 주면 세련미가 넘치는 작품이 될 수 있고, 사진처럼 그린 소재들과 같이 배치하면 싱그럽고 내추럴한 느낌을 쉽게 표현할 수 있다.

192

PREP-TIME

30minutes

RUN-TIME

40minutes

SEASON

spring

FLOWERS

- Ⓐ 라넌큘러스 하노이 5대
- Ⓑ 튤립 6대
- Ⓒ 스카비오사 1단
- Ⓓ 폼폰 라넌큘러스 1단
- Ⓔ 목수국 소량
- Ⓕ 다알리아 1단
- Ⓖ 디디스커스 소량
- Ⓗ 레몬잎 1단
- Ⓘ 화이트 올포 로즈 1단
- Ⓙ 조팝나무 ½단

TOOLS

회전판, 플로랄폼, 플로랄폼 칼, 방수 테이프, 꽃가위

HOW TO MAKE

1   꽃을 꽂는 면적을 넓게 쓸 수 있도록 플로랄폼의 네 면을 평평하게 깎아 준다.

2   플로랄폼이 판과 떨어지지 않도록 방수 테이프를 양쪽에 감아 고정한다.

3   바닥부터 폼까지의 높이와 레몬잎의 길이가 1:1이 될 수 있도록 양쪽 높이를 균일하게 맞춰 가며 그린 처리를 한다. 레몬잎을 꽂을 때는 가운데는 비교적 짧게, 양쪽 가장자리는 높게 꽂아 가며 전체 구조의 바탕을 만들어 준다.

4   화이트 올포 로즈를 직삼각형 형태로 한 대씩 배치한다. 꽃꽂이에서 중심이 되는 큰 꽃은 일부 방향을 돌려 서로 다른 쪽을 바라보게 하면 자연스러운 연출이 가능하다. 앞면과 측면이 모두 아름다운 동그란 화형의 라넌큘러스 하노이와 폼폰 라넌큘러스는 로즈 위로 높이 올리기도 하고 롱앤로우의 밑면에 수평으로도 배치해 보자. 스카비오사는 선이 얇지만 존재감이 확실한 꽃이다. 센터피스의 양쪽으로 높이 올려 주어도 좋다.

5   조팝나무는 작품의 가장자리에 비대칭으로 길게 꽂고 센터피스의 우측 앞면에 수평으로도 배치한다. 튤립도 조팝나무와 마찬가지로 센터피스의 가장자리에 각각 배치하고, 나머지 한 대는 튤립의 휘어지는 라인을 따라 중앙에서 앞으로 튀어나오도록 배치한다.

6   중앙 빈 곳에 다알리아를 수평으로 배치한다. 사이사이 빈 곳은 목수국으로 채운다. 뒤로 한 발짝 물러나 작품을 바라보면 높낮이가 강조되어야 하는 부분과 빈 곳이 보이는데, 스카비오사와 조팝나무, 디디스커스처럼 라인이 있는 꽃들을 추가로 높낮이를 주며 배치하여 마무리하면 된다.

TIP

- 튤립은 손의 온도로 이리저리 휘어지게 할 수 있다. 시원한 밤이 지나고 아침에 다시 만나는 튤립은 다시 꼿꼿하게 서 있을 것이다.
- 튤립을 메인 포인트 꽃으로 강조하고 싶을 때에는 꽃잎 하나하나 손으로 뒤집어 주자. 수줍은 모습에서 화려한 모양으로 변신한다.

ikevana

침봉꽂이

플로리스트를 준비한다면 한 번쯤은 플로랄폼이 환경에 미치는 영향에 대해 들어 봤으리라 생각한다. 플로랄폼은 빠르게 작업할 수 있고 유지력이 좋아 꽃집에 없어서는 안 될 중요한 부자재 중 하나인 반면, 재활용이 불가하고 쉽게 분해가 되지 않아 한 번 사용하면 수백 년 동안이나 환경에 남게 된다. 플로랄폼에 대한 부정적인 인식이 높아지며 이를 대체할 수 있는 다양한 방법이 생겨나고 있다. 그중 하나가 이번 레슨에서 다루게 될 침봉꽂이이다. 이미 오래전부터 사용해 왔던 방법이긴 하나 최근 들어 더 많은 플로리스트가 환경에 대한 경각심을 가지고 대체재로 활용하고 있다.
치킨 망을 사용해 고정하는 방법이나 화병에 테이핑을 하는 방법도 있다. 어떤 종류든 상관없다. 가장 자신 있고 재미있게 할 수 있는 방법으로 시작해 보자.

PREP-TIME

30minutes

RUN-TIME

40minutes

SEASON

spring

FLOWERS

- Ⓐ 카페라테 로즈 3대
- Ⓑ 카랑코에 테사 3대
- Ⓒ 튤립 2대
- Ⓓ 프리틸라리아 1대
- Ⓔ 스위트피 2대
- Ⓕ 어텀 유칼립투스 소량
- Ⓖ 줄리아 로즈 3대
- Ⓗ 카네이션 3대
- Ⓘ 함소화 소량
- Ⓙ 라이스플라워 ½단
- Ⓚ 열매 유칼립투스 소량
- Ⓛ 피어리스 2대

TOOLS

회전판, 꽃가위, 침봉, 오아시스 픽스, 화기, 플로랄 테이프

HOW TO MAKE

1. 오아시스 픽스의 겉면을 벗겨 내면 껌처럼 생긴 접착제가 나오는데 보통 우리는 이를 쉽게 '껌'이라고 표현한다. 이는 고정이 필요한 곳에 쉽게 부착되며 시간이 지날수록 접착력이 더욱 강해진다. 오아시스 픽스를 침봉에 동그랗게 말아 픽스의 끈적이는 면의 반은 침봉에 부착하고, 나머지 반은 안쪽으로 밀어 넣어 눌러 준다.

2. 준비된 화기에 침봉을 그대로 부착하면 단단하게 고정된다. 이때 화기에 물을 ⅔가량 부어 미리 채워 둔다.

3. 줄기가 가늘어 침봉에 쉽게 고정되지 않는 꽃이나 소재는 두꺼운 장미 가지 등과 겹쳐 플로랄 테이프와 함께 묶어 둔다. 두꺼운 가지의 힘을 이용해 침봉에 꽂으면 훨씬 쉽게 고정된다.

4. 길게 늘어지는 소재인 열매 유칼립투스를 화기 양쪽에 눕혀 배치한다. 이때 침봉에 꽂는 가지나 줄기는 바늘 밑까지 들어가도록 깊게 꽂아 준다. 그 후에 옆으로 누르듯이 눕혀야 단단하게 고정이 된다.

5. 얼굴이 큰 카페라테 로즈를 화기의 중앙에 튀어나오도록 배치하여 존재감을 드러낸다. 먼저 배치한 열매 유칼립투스 뒤쪽에 함소화를 채워 센터피스의 구조를 잡은 후, 함소화와 어텀 유칼립투스의 작은 가지들을 잘라 안쪽에도 낮게 채워 준다. 이는 여러 층을 만들어 다음에 오는 꽃들이 쉽게 자리를 잡을 수 있게 만들어 주는 작업이다. 스위트피는 우측에 배치한 함소화만큼 좌측에 높게 올려 비율을 맞춰 준다.

6. 뒷부분에도 카페라테 로즈를 배치하는데, 앞의 로즈와는 전혀 다른 방향과 높이감을 주며 구조를 잡는다. 이때 수평으로 꽂으면 앞에 배치된 꽃들의 모양에 방해가 될 수 있으니 반드시 수직으로 꽂도록 하자.

7 카랑코에 테사는 얼굴이 작지만 한 줄기에 여러 대가 붙어 있어 공간을 채우면서 포인트 주기에 좋다. 튤립과 함께 로즈보다 한 뼘 앞으로 튀어나오도록 꽂고, 가장자리에 길게 늘어트리듯이 배치하자. 카네이션은 중앙의 카페라테 로즈 아래 공간을 채우는 용도로, 로즈보다 낮게 둔다. 프리틸라리아는 센터피스의 라인 바깥으로 뻗어 도드라지게 배치하자. 잔잔한 얼굴의 화형뿐 아니라 늘어지는 잎의 라인감은 작품에 입체감을 더해 준다.

8 작품이 완성될 즈음 센터피스의 빈 곳에 피어리스와 라이스플라워를 넣어 침봉이 보이는 부분을 가리며 풍성함을 더한다. 마지막으로 줄리아 로즈를 넣으며 마무리한다. 줄리아 로즈는 대가 얇고 얼굴이 화려해 위로 길게 빼 주거나 수평으로 튀어나오게 꽂으면 존재감이 더욱 도드라진다.

TIP

- 해바라기나 다알리아와 같이 꽃이 커서 얼굴을 가누지 못할 때는 철사를 감거나 다른 줄기를 덧대어 얼굴을 고정할 수 있다.
- 꽃 작업을 하는 중간중간 뒤로 한 발짝 물러서서 작품을 바라보면 보완할 점이나 더 아름답게 배치할 수 있는 포인트가 잘 보인다.
- 센터피스가 테이블 중앙에 놓이는 경우라면 앞 사람의 시선이 방해되지 않도록 소재를 수직보다는 수평으로 꽂아 주자.
  ① 벽 앞에 두는 경우: 가지 하나를 수직으로 꽂고 나머지 하나는 우측 혹은 좌측에 배치해 기본 구조를 잡는다.
  ② 중앙에 두는 경우: 가지를 아치형으로 만들어 바깥 라인을 따라 수평으로 꽂는다.
- 오아시스 픽스는 고정력이 강해, 한 번 접착하면 떼어 내기가 쉽지 않다. 사용을 마친 후에는 식물성 오일을 붓고 몇 분가량 기다리면 쉽게 떼어 낼 수 있다.

vintage vase arrangement

빈티지 베이스

가을, 단풍이 짙게 물드는 계절에는 작품의 색감도 한층 더 깊어진다. 길가에 넘실거리는 코스모스, 온통 분홍빛 매력으로 이어진 핑크 뮬리, 만개한 국화꽃에서 전해지는 짙은 향기까지, 길가엔 가을빛 향연이 끝없이 펼쳐진다. 이 계절의 낭만을 더 오래 향유하고 싶다면 계절의 꽃을 담은 오브제를 만들어 보는 것도 좋다.

이번 레슨에서는 러프한 베이스에 짙어진 가을 소재와 코스모스를 더했다. 작품의 모든 꽃이 가을꽃이 아니어도 좋다. 가을을 느낄 수 있는 색감과 그 계절의 종류 하나만으로도 계절의 정취를 만끽할 수 있다.

206

PREP-TIME

30minutes

RUN-TIME

40minutes

SEASON

autumn

FLOWERS

- Ⓐ 율두스 로즈 2대
- Ⓑ 다정금 1대
- Ⓒ 미니 백일홍 4대
- Ⓓ 미니 소국 소량
- Ⓔ 초코 코스모스 5대
- Ⓕ 리시안셔스 2대
- Ⓖ 클레마티스 와이어 1대
- Ⓗ 코스모스(주황) 4대
- Ⓘ 다알리아(레드) 5대
- Ⓙ 치어걸 아프리콧 로즈 3대
- Ⓚ 카푸치노 로즈 3대
- Ⓛ 부겐베리아 소량
- Ⓜ 낙산홍 1대
- Ⓝ 스타티스 소량
- Ⓞ 신지매 3대
- Ⓟ 다알리아(오렌지) 2대
- Ⓠ 폼폰 소국(연핑크, 갈색) 소량
- Ⓡ 튤립 3대
- Ⓢ 배롱나무 3대
- Ⓣ 섬머 라일락 3대
- Ⓤ 허브 소량
- Ⓥ 백일홍 소량(사진 없음)

TOOLS

플로랄폼, 플로랄폼 칼, 화기

HOW TO MAKE

1

2

3

4

5

6

1. 물을 충분히 흡수시킨 플로랄폼을 화기에 알맞게 세팅한다. 플로랄폼의 가장자리는 꽃을 꽂는 면적이 넓게 쓰일 수 있도록 네 면을 평평하게 깎아 주자.

2. 배롱나무로 센터피스 기본 모양을 잡아 준다. 한 대는 화기 높이보다 1.5~2배가량 높이 올려 화기 좌측 끝에 수직으로 배치하고 다른 한 대는 기존에 배치한 소재의 반대쪽에 수평으로 꽂아, 배롱나무 두 대를 L자의 비대칭 형태로 배치한다.

3. 카푸치노 로즈 세 대를 직각삼각형 형태로 꽂는다.

4. 다알리아는 먼저 배치한 카푸치노 로즈와 마찬가지로 세 송이를 역삼각형으로 배치하는데, 다른 꽃보다 높게 꽂아 포인트가 되도록 한다. 카푸치노 로즈 사이 빈 곳은 화형이 작은 꽃들로 이루어진 폼폼 소국을 그룹핑해 높낮이를 주어 배치하고, 좌측에는 부겐베리아로 나머지 공간을 채워 준다.

5. 클레마티스 와이어 줄기를 처음 수직으로 꽂았던 배롱나무보다 높이 꽂아 준다. 큰 꽃들과 라인감 있는 소재들로 전체적인 구조를 완성했다면 지금부터는 센터피스를 디테일하게 꾸며 보자. 다알리아와 카푸치노 로즈 그리고 길게 라인감을 늘어트린 소재 사이에 얼굴이 작고 잔잔한 꽃들을 채워 나간다. 튤립처럼 줄기가 휘어지는 꽃은 곡선의 아름다움을 표현하기 좋다. 두 대는 좌측 배롱나무 옆에 꽂고, 나머지 한 대는 우측 배롱나무 옆에 꽂아 질감의 풍성함을 더하자. 스타티스와 미니 소국은 가운데 꽂은 폼폼 소국 주변에 꽂아 빈 곳을 메워 준다.

6. 노란색의 섬머 라일락은 휘어짐이 예쁘고 튤립보다 얼굴이 작아 잔잔한 꽃으로 표현되기 좋다. 두 대는 좌측의 튤립보다 얼굴 한 뼘 정도 위로 올려 배치하고 다른 한 대는 우측에 길게 위로 올려 준다. 중간중간 빈 곳에 허브를 추가해 초록의 플로랄폼이 노출되지 않게 가려 준다.

7   센터피스에 풍성함을 더하기 위해 치어걸 아프리콧 로즈를 화기의 앞쪽에 수평으로 그룹핑하여 배치한다.

8   리시안셔스를 화기의 위, 아래에 얼굴이 크게 포인트가 되도록 배치한다. 센터피스가 지루해 보이지 않도록 백일홍을 다른 꽃보다 길게 잘라 다알리아 사이에 튀어나오도록 꽂아 준다.

9   초코 코스모스와 주황색 코스모스를 아래로 흘러내리도록 꽂기도 하고, 기존의 꽃들보다 높게 꽂기도 하면서 화기 위에서 가볍게 흔들리는 모습을 표현해 주자.

10   얼굴이 작은 미니 백일홍을 초코 코스모스와 같은 방법으로 추가한 후 그 옆으로 낙산홍을 길게 올려 포인트를 준다. 뒷면 빈 곳에 율두스 로즈를 배치한다.

11   검은색 다정금의 베리류는 동글동글한 재질이 작품에 재미를 더해 준다. 다정금은 붉은 계열의 꽃이나 짙은 갈색의 빛바랜 색감에도 잘 어우러진다. 화기 하단의 빈 곳에 앞으로 튀어나오도록 배치하여 작품을 보다 생동감 있게 연출해 주자. 마지막으로 화기의 우측 끝면에 신지매를 채우며 마무리한다.

TIP

- 꽃 작업을 할 때는 ① 색상 ② 형태 ③ 질감 세 가지를 기억하자. 초보자들은 꽃을 고를 때 단순히 색상에 관한 고민만 하기 쉽다. 중급 정도의 실력이 되면 만들고자 하는 형태를 고려해서 재료를 구매한다. 어느 정도 꽃을 잘하는 경지에 오른 플로리스트는 색상과 형태뿐 아니라 재료의 질감까지 생각해, 이 세 가지가 자유롭게 조합될 수 있어야 함을 인지하고 있다. 세 가지가 잘 어우러지는 작품은 완성도가 높다.
- 센터피스의 황금 비율을 꼭 기억하자. 좌측 사진을 보면 완성된 작품이 화기를 포함한 세로, 가로 길이가 일정하게 1:1을 나타내고 있다. 우측의 사진에서는 우측의 세로 길이와 센터피스의 중앙부 면적이 낮아지기 직전까지의 비율을 1:1로 나타낸다.

PART

4

GARDENING

가드닝

succulent plant

다육 식물

다육 식물은 고원, 고산과 같은 건조지에 자생하며, 길고 긴 건조기를 견디기 위해 잎이나 줄기, 뿌리에 수분과 양분을 흡수시켜 저장한다. 이 때문에 다육 식물은 대개 다른 식물에 비해서 외관이 통통해 귀여운 모습이 많다.

물을 자주 주지 않아도 된다는 생각에 쉽게 키우는 식물이라고 생각하기 쉬운데, 사실 다육 식물은 일조량에 따라 모양이 달라지고 색이 쉽게 변한다. 또 물을 많이 주면 과습으로 금방 물러지기도 하니 일부 종을 제외하고는 상당히 손이 많이 가는 식물이다.

하지만 다른 식물과 마찬가지로 많은 애정과 관심을 주면 그만큼 잘 자라는 식물이고, 큰 공간을 차지하지 않으면서도 가볍게 키울 수 있다 보니 반려 식물을 찾는 초보 집사 손님에게 추천하기에 가장 적합한 식물이다.

PREP-TIME

30minutes

RUN-TIME

30minutes

SEASON

spring

FLOWERS

- Ⓐ 라일락
- Ⓑ 바위솔
- Ⓒ 정야
- Ⓓ 거미바위솔
- Ⓔ 칸테

TOOLS

삽, 장갑, 거름망, 배양토, 마사토 대립, 마사토 중립, 에그스톤, 화분, 데코용 돌(펄라이트)

HOW TO MAKE

1　배수를 원활히 하기 위해 거름망을 사용해 배수 구멍을 막아 준 후, 흙이 빠져나가지 못하도록 그 위에 마사토 대립을 깐다.

2　마사토 소립 혹은 중립과 배양토를 섞어 다육 식물의 분갈이 흙을 만든다. 이때 필자는 마사토 중립과 배양토의 비율을 7:3으로 했다(다육성 식물은 상토나 퇴비 등의 비율이 지나치게 높으면 웃자라는 경우가 많다). 고르게 배합한 마사토와 배양토를 화분의 바닥에 골고루 깔아 준다. 다육 식물은 과습에 약한 식물이다 보니 물주기에 더 많은 신경을 써야 하므로, 원예용 마사토 혹은 배양토에 마사토를 섞어서 다육 식물 분갈이용 흙을 만들어 자주 사용한다(본래 마사토를 사용하는 게 정석이지만, 사진상에서는 대체용으로 난석을 사용했다).

3　라일락과 바위솔을 기존 화분에서 조심스럽게 분리해 흙을 털어 낸 후, 뿌리를 손상시키지 않도록 주의하며 새로운 화분에 자리를 잡는다.

4　다른 다육 식물도 마찬가지로 장미를 그룹핑하듯 얼굴 방향을 조금씩 다르게 배치한다. 이때 준비해 둔 새로운 흙을 넣어서 뿌리를 가볍게 덮어 준다. 식재된 다육 식물 주변의 흙을 손가락으로 꾹꾹 눌러 다육 식물의 뿌리가 흙에 잘 자리 잡을 수 있도록 고정해 준다.

5　단단히 고정된 다육 식물 사이사이에 에그스톤을 넣는다. 이는 다육 식물이 흙 속에 안전하게 뿌리 내리기까지 고정을 용이하게 만들어 주기도 하고, 심미적 요소로 표현되기도 한다.

6　덮어둔 흙이 보이지 않도록 펄라이트로 에그스톤을 가리지 않게 주의하며 얇게 깔아 준다.

TIP

- 다육 식물의 분갈이 적정 계절은 봄과 가을이다. 습하고 더운 여름이나 추운 겨울은 피하는 게 좋다.
- 마사토는 화강암이 풍화된 것으로, 표면이 거친 자갈 형태이며 돌과 흙의 중간 단계로 만들어진 굵은 모래라고 할 수 있다. 크게 대립, 중립, 소립으로 나뉘며 입자의 크기에 따라 쓰임새가 다르다.
- 다육 식물은 바람이 잘 통하는 곳에 두자. 햇빛만큼이나 통풍은 다육 식물이 잘 자라는 데 중요한 요인이 된다.
- 다육 식물의 일종인 선인장은 영하 3도의 추위에서 영상 45도의 무더위까지 잘 견디지만, 겨울철 최저 온도가 영상 5도 이하로는 내려가지 않도록 하는 게 성장에 좋다. 가장 왕성하게 자라는 시기는 봄, 가을이며 한겨울에는 성장을 멈춘다. 그러므로 시기를 잘 구별하여 물을 주자. 휴면기에는 되도록 마른 상태로 두는 게 좋다.

tropical orchid

서양란

고결하면서도 우아한 자태의 서양란은 꽃이 화려하고 품종이 다양한 데다가 꽃이 비교적 오래가는 게 아름다운 자태와는 사뭇 반전된 모습이다.

19세기에 들어오면서 영국을 중심으로 양란 재배가 활발해지고 수많은 교배종이 만들어졌다. 다양한 종류와 색감의 서양란은 정적인 모습의 동양란과는 대조를 이룬다. 이 때문에 화려한 축하를 대신하여 승진이나 개업 선물 등으로 많이 찾는다.

매트한 민무늬 자기에 식재하면 세련미와 고급스러움을, 화려한 프린트의 화분에 식재하면 우아한 아름다움을 연출할 수 있다.

PREP-TIME

30minutes

RUN-TIME

30minutes

SEASON

spring

FLOWERS

Ⓐ 크리스마스 로즈   Ⓒ 카틀레야 칩베리
Ⓑ 에피덴드룸

TOOLS

장갑, 화분, 그물망, 바크, 이끼

HOW TO MAKE

1 화분의 구멍으로 잔재물이 흘러나오지 않도록 그물망을 사용해 배수 구멍을 막아 준다.

2 서양란의 포트를 손으로 조물조물 만져 가며 벗겨 낸다.

3 포트를 다 벗겨 낸 후 화분에 어떻게 디자인을 하면 좋을지 꽃의 모양이나 크기, 높이 등을 고려해 예측해 둔다. 보통 화분에 난석을 깔아 배수층을 만든 후에 식재를 하지만, 화분의 높이가 충분하지 않을 경우 이 부분은 생략해도 좋다.

4 한 뿌리에 여러 대가 붙어 있으면서도 얼굴이 큰 크리스마스 로즈는 우측에 존재감 있게 자리해 준다. 이때 얼굴이 긴 쪽이 가장자리로 오도록 배치한다. 키가 작은 카틀레야 칩베리는 좌측 앞쪽에 배치해 꽃대가 앞으로 도드라지도록 한다. 목대가 가늘고 얼굴이 얇은 에피덴드룸은 뒤쪽 좌측 끝에 배치하면 전체적인 화분의 모양이 양쪽은 길면서 가운데가 앞으로 도드라지게 튀어나와 입체감이 생긴다.

5 디자인이 끝나면 바크를 넣어 움직이지 않도록 고정한다. 데코를 생각해서 화분에 4~5cm 정도 여유를 두고 마무리하는 게 좋다.

6 이끼를 물에 적신 후 손으로 동그랗게 말아 중간중간 넣어 주면 고정과 동시에 생동감 있는 연출이 가능하다.

TIP

- 바크는 전나무, 소나무 등의 껍질을 분쇄한 것을 이르는데, 배수가 좋아 서양란을 심을 때 자주 사용한다.
- 온도가 15도 이상이 될 무렵에 옥외에 내놓아 햇빛을 쬐고 바람을 쐰다. 그러나 맑은 날에 내놓으면 잎이 타므로 서서히 햇빛에 익숙해지도록 한다.
- 직사광선을 피할 수 있는 반양지에서 관리하며 충분한 햇빛을 보게 해 준다.
- 물은 겉면이 마르는 것을 기준으로 따뜻한 날 오전에 주는데, 보통 일주일 정도의 주기로 볼 수 있다.
- 찬바람이 직접 닿지 않게 하면서 통풍은 가급적 원활하게 해 준다. 난방기의 온풍이나 직사광선이 직접 닿지 않도록 주의한다.

Lesson 3

olive tree

올리브나무

플랜테리어라는 신조어가 생길 만큼 손님들의 식물 구매량이 날로 높아지고 있다. 세상이 각박할수록 자연만이 이를 치유해 준다는 믿음은 더 강해지는 듯하다.

밀폐된 공간에 식물 하나만 두어도 정적인 집에 활기가 생기고, 여러 식물을 무리 지어 배치하면 오염된 공기가 순환되면서 방안의 습도를 높여 준다. 게다가 식물의 생장 과정을 보며 스스로를 성찰할 수도 있다. 이처럼 식물은 심미적인 요소뿐 아니라 더 나아가 긍정적인 삶을 살아가도록 해 주니 개인의 삶에 없어서는 안 될 필수 요소로 자리 잡고 있다.

PREP-TIME

30minutes

RUN-TIME

30minutes

SEASON

spring

FLOWERS

Ⓐ 올리브나무

TOOLS

배양토, 데코용 돌(펄라이트), 난석, 그물망, 삽, 장갑, 에그스톤, 화분

HOW TO MAKE

1   배수 구멍 사이로 흙이 내려가지 않게 하기 위해 그물망을 적당히 잘라 배수 구멍 위에 올려 둔다.

2   배수가 원활히 될 수 있도록 난석을 화분 바닥에 4cm 정도 깔아 배수층을 만들어 준다.

3   기존 화분에서 식물이 빠지지 않을 때는 가장자리를 툭툭 때리면 식물이 쉽게 빠진다. 새 화분에 옮겨 넣으면서 뿌리가 덩어리째로 굳어져 있는 건 정리하되 뿌리 주변 제거는 최소화해 식물의 환경 변화를 줄이는 게 좋다.

4   식물을 넣은 후에 생기는 빈 곳에 준비된 배양토를 넣어 채워 준다.

5   주먹을 쥐고 배양토를 꾹꾹 눌러 준다. 눌러서 움푹 들어가는 공간에 다시 배양토를 채우기를 반복한다. 흙이 가득 차 있다 싶을 때 관수를 해 주는데, 순간적으로 물이 화분 밖으로 넘치지 않도록 화분에 3~4cm 정도 여유를 준 후 부어야 한다.

6   충분히 관수를 한 후 다시 배양토를 채운다. 마지막으로 펄라이트를 윗면에 충분히 깔아 배양토가 보이지 않으면 마무리한다. 에그스톤을 데코로 올린 후 식물을 적당한 곳에 둔다. 식재된 식물은 때에 따라 장소를 바꾸기보다는 지금 장소에 적응할 시간을 충분히 준 후 이동하도록 한다.

TIP

- 식물을 식재할 때는 배수가 원활히 될 수 있도록 화분 밑에 구멍이 있는지를 반드시 확인한다.
- 화분은 식물이 놓일 공간과 조화를 이룰 수 있는 질감과 색, 형태를 잘 생각해서 고른다.
- 관수할 때는 겉흙이 마른 것을 확인한 후 물이 아래까지 흐르도록 흠뻑 준다.
- 겨울에는 가장 추운 시간대를 피하고 여름에는 아주 더운 시간대를 피해서 관수한다.
- 물을 준 후에 화분 밑으로 물 빠짐이 보이지 않으면 흙을 교체하는 것이 좋다.
- 집집마다의 환경, 배양토, 식물의 종류에 따라 관수 주기가 달라질 수 있기 때문에 건습의 과정을 충실하게 반복해야만 뿌리가 건강하고 식물의 생육에 좋다.
- 분갈이 후에는 손상된 뿌리가 재생되는 시기가 필요하다. 그늘진 서늘한 곳에 5~7일 정도 두면 뿌리가 자리 잡으면서 원래의 환경으로 돌아온다.

PART 5

WEDDING & ARTWORK

웨딩 & 대형작품 & 기타

Lesson I

hair circlet

화관

본래 화관은 고대 그리스인들이 승자에게 주는 명예로운 보상으로 힘, 영광, 영원의 상징인 원형으로 된 머리 장식을 씌워 주는 데서 유래했다. 오늘날에는 잎, 풀, 꽃, 나뭇가지 등의 조화나 생화를 가지고 동그랗게 엮어 머리에 얹는 액세서리로 신부의 아름다움을 더해 주는 역할을 하고 있다.

비록 이전의 전통적인 의미나 상징적인 의미와는 조금 다를 수 있지만 여전히 많은 신부들이 브라이덜 파티, 생일 파티, 촬영용 파티 등의 행사에 자주 사용하고 있다. 이번 레슨에서는 얼굴이 큰 종류의 꽃들을 사용했으나 초록의 잎이나 봉우리, 얼굴이 작은 꽃들을 사용하면 잔잔한 느낌의 화관이 연출된다.

PREP-TIME

30minutes

RUN-TIME

1hour

SEASON

winter

FLOWERS

Ⓐ 베고니아 마쿨라타 1대
Ⓑ 이반호프(아이반호) 소량
Ⓒ 프리저브드 소량
Ⓓ 니콜 유칼립투스 소량
Ⓔ 아스틸베 3대
Ⓕ 멘타 로즈 5대
Ⓖ 튤립 2대
Ⓗ 어텀 유칼립투스 1대
Ⓘ 카라 2대
Ⓙ 실크라넌큘러스 2대

TOOLS

곱슬버들, 플로랄 테이프, 꽃가위, 지철사, 철사

HOW TO MAKE

1　곱슬 버들을 구부려 착용할 사람의 머리 치수에 맞춰 동그랗게 원형으로 연결한다. 이음새 부분은 플로랄 테이프로 고정한다. 이때 플로랄 테이프는 양손으로 늘어지게 당겨야 접착력이 생기기 때문에 잡아당기며 두 지점을 연결해 준다.

2　화관의 시작점에는 끝이 뾰죽한 베고니아 줄기를 사용한다. 베고니아를 준비하기 어렵다면 아스틸베처럼 바디가 길고 끝이 뾰족한 꽃으로 대체할 수 있다. 그다음, 순차적으로 긴 라인감의 카라를 넣고, 튤립과 프리저브드를 섞어 카라의 바로 아랫부분에 위치시킨다. 실크라넌큘러스는 동그란 화형과 독특한 질감으로 존재감이 큰 꽃이다. 때문에 앞을 바라볼 수 있도록 포인트로 넣어 준다.

3　꽃을 한 대씩 곱슬 버들에 고정할 때마다 플로랄 테이프를 당겨 가며 고정한다.

4　멘타 로즈 두 송이를 그룹핑해서 넣는다. 이때 단조로워 보일 수 있으니 섹션을 나눠 주는 역할을 하는 아스틸베와 어텀 유칼립투스를 사이에 함께 배치한다. 계속해서 같은 방법으로 실크라넌큘러스를 추가한다.

5　마지막으로 이반호프와 니콜 유칼립투스를 짧게 잘라 라넌큘러스와 함께 배치하여 마무리한다. 화관은 크고 작은 꽃을 엮어 동그랗게 전체를 채우는 경우도 있고, 사진처럼 한쪽만 채우는 경우도 있다. 화관의 디자인은 다양하므로 반드시 신부와의 충분한 상담을 기반으로 디자인해야 한다.

TIP

- 이번 레슨에서는 곱슬 버들을 사용했지만, 보통 18번 와이어에 플로랄 테이프를 감은 후 동그랗게 말아 끝에 고리를 만들어 사용하기도 한다.
- 화관을 디자인할 때 얼굴이 큰 메스 플라워를 많이 사용하면 마치 그림 속에 나오는 화관이 만들어지지만, 실제로 머리에 썼을 때는 무게도 무겁고 보기에도 부담스러울 수 있다.

floral
chair deco

웨딩 체어

웨딩 체어는 야외 웨딩에서 빛을 발하는데, 반드시 플로랄폼을 사용하지 않아도 좋다. 쉽게 물이 흘러내리지 않는 작은 소재의 부케로 만들어 의자 가장자리에 끈으로 고정하는 방식도 있고, 드라이가 되는 잎 소재를 갈란드 모양으로 엮어 신랑 신부의 이름표와 함께 매다는 방식도 있다. 보통은 신랑 신부의 의자 장식에만 포인트 꽃으로 장식하곤 하는데 색감이나 디자인은 전체적인 웨딩 공간과 분위기에 맞춰 구성하면 된다.

PREP-TIME

30minutes

RUN-TIME

30minutes

SEASON

summer

FLOWERS

Ⓐ 블랙펄 로즈 3대

Ⓑ 실크라넌큘러스 4대

Ⓒ 텐텐 라넌큘러스 1대

Ⓓ 튤립 5대

Ⓔ 조팝나무 3대

Ⓕ 호안이 3대

Ⓖ 웨딩드레스 로즈 2~3대

Ⓗ 아스틸베 3대

Ⓘ 꽃냉이 소량

Ⓙ 청지목 소량

Ⓚ 이반호프(아이반호) 소량

TOOLS

체어, 꽃가위, 갈란드 플로랄폼, 케이블 타이

HOW TO MAKE

1 갈란드 플로랄폼을 감싸고 있는 망 사이에 케이블 타이를 관통시켜 의자에 연결한다. 연결된 플로랄폼은 흔들어 고정이 단단하게 되었는지 확인한다. 고정이 단단하게 되지 않을 경우, 꽃을 꽂은 플로랄폼이 무게를 이기지 못해 점점 아래로 내려갈 수 있으니 주의하도록 하자.

2 라인이 길거나 끝이 뾰죽한 조팝나무와 아스틸베를 플로랄폼 양쪽 끝에 길게 늘어트리며 라인을 길게 잡아 준다. 튤립은 얼굴을 피워서 포인트 꽃으로 두 송이씩 그룹핑하여 배치한다.

3 튤립 옆에는 웨딩드레스 로즈를 한 대씩 커팅해 높낮이를 다르게 배치한다. 그 옆은 블랙펄 로즈를 그룹핑해 배치한다. 튤립 사이사이의 공간은 조팝나무로 메운다. 이때 높이를 길게 뽑아 튤립이나 로즈 사이가 뭉쳐 보이지 않게 한다.

4 플로랄폼 라인을 따라 검붉은색과 화이트가 조화롭게 어우러지도록 호안이를 중간중간 배치한다. 주위에 비어 있는 공간을 따라가며 청지목으로 플로랄폼을 가려 준다. 이반호프나 꽃냉이처럼 질감이나 모양이 독특한 소재는 다른 꽃들보다 살짝 높게 꽂으면 생동감 있는 연출이 가능해진다.

5 같은 방법으로 튤립-웨딩드레스 로즈-블랙펄 로즈 순으로 얼굴이 큰 메스 플라워를 꽂아 주고, 그 사이에 호안이나 조팝나무의 라인감을 살려 높이감을 준다.

6

7

6   실크라넌큘러스 중 얼굴이 큰 꽃들은 로즈보다 얼굴 한 뼘 정도 올라오게 배치하고, 몽우리로만 구성된 실크라넌큘러스는 폼의 모서리에 길고 높게 배치한다. 큰 꽃들로 복잡하게 구성된 공간에서 라인감 하나만 잘 살려도 시선이 여러 곳으로 분산되어 단점을 커버할 수 있다.

7   마지막으로 텐텐 라넌큘러스를 우측 윗면에 의도적으로 높게 배치하여 좌측에 과하게 배치된 실크라넌큘러스와 균형을 맞춘다.

TIP

- 웨딩 체어의 양 끝 라인을 길게 늘어트리면 내추럴한 연출이 가능하다.
- 시작과 끝을 로즈 등 얼굴이 큰 매스 플라워 위주로 장식할 경우, 꽃이 빼곡하게 채워져 답답한 느낌이 들 수 있다. 시작과 끝은 반드시 라인이 긴 꽃을 선택해야 입체적인 형태가 나온다.

floral back wall

플로랄 월

플로랄 월은 웨딩이나 규모가 큰 행사에 게스트의 이목을 끌기 위해 설치하는 작품 중 하나이다. 특히나 웨딩에서는 배경으로 두고 사진을 찍기에 좋고, 신부를 축하하는 신부 대기실로 활용하기에도 좋다.

웨딩뿐 아니라 다양한 이벤트에도 적용할 수 있는데, 주로 행사장, 패션쇼 무대 위 장식이나 브랜드 행사의 포토존으로 많이 쓰인다. 브랜드의 타입에 따라서 포토월 자체가 브랜딩이 되어 주기도 하고, 콘셉트에 따라 끝없는 연출이 가능하니 사진 촬영을 하기에 더없이 좋은 작품인 건 분명하다.

그리너리, 트로피컬 등 고객이 의뢰한 주문의 이미지에 따라 주변의 이미지와 매칭해 다양한 형태의 작업을 만들어 낼 수 있다. 꽃만 넣을 필요 없이 가끔은 이끼나 다육 식물 등을 함께 넣어 제작하는 방법도 있다. 혹은 텍스트나 테마, 로고, 하이라이트 조명을 넣는 등 다양한 연출이 가능하다.

PREP-TIME

1hour

RUN-TIME

3hours

SEASON

spring

FLOWERS

- Ⓐ 겹튤립 4단
- Ⓑ 실크라넌큘러스 4단
- Ⓒ 웨딩드레스 로즈 4단
- Ⓓ 치어걸 아프리콧 로즈 4단
- Ⓔ 퀵센느 로즈 4단
- Ⓕ 라넌큘러스 3단
- Ⓖ 오하라 로즈 3단
- Ⓗ 어텀 유칼립투스 4단
- Ⓘ 스토크 3단
- Ⓙ 조팝나무 5단
- Ⓚ 리시안셔스 3단
- Ⓛ 줄리엣 로즈 3단
- Ⓜ 섬바디 3단
- Ⓝ 청지목 5단

TOOLS

꽃가위, 케이블 타이, 전기 테이프, 플로랄폼, 철조망

HOW TO MAKE

1
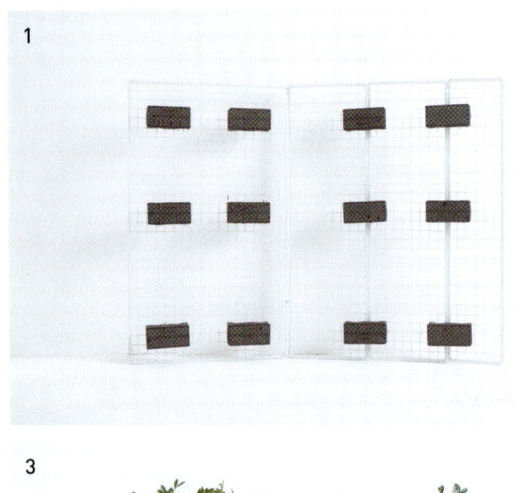

2

3

4

5

1 케이블 타이를 사용해 플로랄폼을 철조망에 단단하게 연결한다.

2 청지목의 마디를 다듬지 않고, 있는 그대로 길게 잘라 아래에서 위로 혹은 위에서 아래로 길고 넓게 꽂아 가며 철조망을 가려 준다. 이때 플로랄폼의 앞면에는 짧은 가지도 같이 넣는데, 짧은 가지 옆에 긴 가지를 두며 높낮이를 다르게 주어야 단조롭지 않다. 청지목 사이에는 어텀 유칼립투스를 사용해 그린에 다양성을 준다. 철조망이 가려질 정도로 충분히 그린의 소재를 채웠다면 줄리엣 로즈, 퀵센느 로즈, 오하라 로즈 등 얼굴이 큰 메인 꽃들을 두세 송이씩 그룹핑해서 꽂는다. 포토월에서 로즈는 얼굴이 클수록 배치가 쉽고 잘 어우러지기 때문에 최대한 만개한 꽃을 쓰거나 손으로 피워 사용하면 좋다.

3 라넌큘러스나 튤립처럼 앞면과 옆면이 모두 예쁜 꽃은 포토월 곳곳에 서로 다른 위치에서 도드라지게 배치한다. 튤립은 있는 그대로 꽂아 주기도 하지만, 얼굴을 손으로 피워서 사용해도 좋다. 끝이 살짝 뾰족한 형태로 올라오는 꽃의 모양은 포토월 곳곳을 빠르게 채우면서도 포토월의 볼륨감을 살려 준다. 중간중간 리시안셔스로 빈 곳을 함께 채워 주자.

4 실크라넌큘러스는 로즈보다 한 뼘 위로 배치해 입체감을 주고, 조팝나무는 포토월의 중앙에서 낮게 가장자리를 따라 길게 배치하여 공간감을 준다. 웨딩드레스 로즈와 치어걸 아프리콧 로즈는 다른 메스 로즈보다 얼굴이 작아 처음 배치한 로즈보다 앞으로 입체감 있게 배치한다. 스토크처럼 한 가지에 여러 꽃이 달린 스프레이 형태의 꽃은 빈 곳을 채우기에 적합하다.

5 완성된 플라워 월을 보면서 빈 곳이 없는지 체크한다. 꽃은 가까이서 보는 것보다 한 발짝 멀리 떨어져서 보아야 부족한 부분이 쉽게 눈에 보인다. 마지막으로 섬바디를 길게 늘어트리며 곳곳에 배치한다. 주변을 정리하며 마무리한다.

TIP

- 플라워 월은 철제 기물을 자주 사용하는데, 철물점에서도 쉽게 구매가 가능하다. 자주 사용하는 샵이라면 하단에 바퀴 제작을 요청해 두면 큰 비용 없이도 제작할 수 있다.
- 경부선 고속버스터미널 6층에 가면 저렴한 가격으로 제작해 주는 철물점이 있으니 필요한 플로리스트들은 멀리 방문하지 않아도 손쉽게 구매가 가능하다.

Lesson 4

wedding arch

웨딩 아치

웨딩 아치는 본래 안정감을 주는 고대 건축 양식에서 유래했다. 나라별로 모두 시작을 암시한다는 의미가 있으며, 외국에서는 신랑 신부가 아치로 걸어 들어감으로써 옛것을 버리고 새로운 인생을 향한다는 의미가 있다. 즉, 웨딩 아치는 미래의 집이자 신랑 신부가 그곳에서 가족이 됨을 선언하는, 사실상 새로운 인생으로 가는 첫 발걸음인 셈이다.

그러나 요즘의 웨딩 아치는 심미적인 요소가 가장 크다고 볼 수 있다. 캐노피 스타일의 아치, 원형 아치, 네모 아치 등 시대가 변할수록 점점 다양한 형태로 제작되고 있으며, 대부분 가공된 철제나 자작나무 등으로 만든다. 웨딩 콘셉트에 맞는 색감의 꽃뿐 아니라 패브릭, 전구 등을 사용해서 다양하게 연출할 수도 있다.

PREP-TIME

1hour

RUN-TIME

2hours

SEASON

spring

FLOWERS

- Ⓐ 퀵센느 로즈 4단
- Ⓑ 웨딩드레스 로즈 1단
- Ⓒ 줄리아 로즈 2단
- Ⓓ 스위트피 3단
- Ⓔ 청지목 9단
- Ⓕ 카페라테 로즈 5단
- Ⓖ 머스터드 로즈 3단
- Ⓗ 설유화 3단
- Ⓘ 파블로 유칼립투스 4단
- Ⓙ 서귀목 8단
- Ⓚ 어텀 유칼립투스 6단
- Ⓛ 니콜 유칼립투스 4단
- Ⓜ 헬레보루스 2단
- Ⓝ 튤립 4단
- Ⓞ 홍가시 3단
- Ⓟ 라넌큘러스 2단
- Ⓠ 아미초 1단
- Ⓡ 조팝나무 4단
- Ⓢ 리시안셔스 1단
- Ⓣ 다정금 5단

TOOLS

은박지, 케이블 타이, 꽃가위, 플로랄폼 망, 플로랄폼

HOW TO MAKE

1

2

1 플로랄폼을 망에 싼 후 케이블 타이를 사용하여 아치에 단단하게 고정한다. 보통 물이 흐르는 걸 방지하기 위해 은박지를 플로랄폼에 감싼 후 사용하기도 한다.

2 아치 위쪽은 청지목과 홍가시를 아치의 라인을 벗어날 만큼 길고 내추럴하게 꽂아 주고, 플로랄폼의 가장자리 부분은 수평으로 꽂는다.

3 한 종류의 소재로 채우는 것보다는 모양과 질감이 다른 다양한 종류의 소재를 함께 사용하면 밑바탕이 더욱 풍성하고 입체적으로 채워진다. 전체적인 뼈대는 청지목으로 채우고 그 사이에 어텀 유칼립투스와 조팝나무를 청지목보다 2~3cm가량 높게 배치한다.

4 플로랄폼 중앙은 짧게 꽂기도 하고, 그 옆으로 길게 꽂기도 하며 높낮이를 다르게 한다. 선이 있는 소재는 라인을 길게 뽑으면 더욱 내추럴한 느낌의 아치가 그려진다. 아랫부분은 비교적 묵직한 느낌의 서귀목이나 다정금을 채우면 균형 잡힌 아치의 구조가 완성된다.

5 플로랄폼에 빈틈이 보이지 않을 때까지 그린의 소재로 틈새를 모두 메꾸며 그린 처리를 한 후, 카페라테 로즈, 퀵센느 로즈, 웨딩드레스 로즈, 리시안셔스를 두세 대씩 그룹핑하며 꽂아 준다. 이때 로즈의 높낮이는 얼굴 한 뼘씩 다르게 주고, 방향은 앞을 보기도 하고 서로 다른 방향을 보기도 하는 등 단조로워 보이지 않도록 배치한다.

6 화형의 옆면이나 앞면이 모두 아름다운 라넌큘러스, 튤립 등은 얼굴을 활짝 피워 로즈보다 높게 올려 앞으로 튀어나오게 꽂거나 옆으로 꽂기도 하면서 각각의 위치에서 포인트가 될 수 있게 배치한다. 계속해서 머스터드 로즈, 줄리아 로즈 등도 두세 대씩 같은 방법으로 그룹핑하여 꽂아 준다. 설유화나 아미초, 스위트피같이 선이 얇은 소재는 아치의 중앙과 측면에서 길게 빼서 아치의 내추럴한 느낌을 더해 준다. 소재가 부족해 보이는 공간에 니콜 유칼립투스나 파블로 유칼립투스 같은 소재를 더 채우고, 헬레보루스와 스위트피는 라인감을 살려 길게 뺀다. 리시안셔스로 비거나 부족한 공간을 채우며 마무리한다.

TIP

웨딩 아치나 포토월 등의 큰 작품은 얼굴이 작은 봉우리의 꽃보다는 충분히 만개한 꽃들을 사용하는 게 좋다.

Lesson 5

dry wreath

드라이 리스

크란츠(kranz)라고도 불리는 리스는 쌀쌀한 바람이 부는 가을부터 빠뜨릴 수 없는 낭만적인 작품 중 하나다.

리스는 현관이나 방문 혹은 창문에 걸어 놓으면 액운을 막고 행운을 가져다준다고 한다. 또한 '환영'의 의미가 있어 겨울이 되면 리스를 만들어 선물하거나 자신의 집 앞에 걸어 두는 모습도 종종 볼 수 있다. 우리나라에서 새해 첫날 복조리를 걸어 두거나 '입춘대길'을 붙여 두는 것과 같은 맥락이라 할 수 있다. 이때 리스는 그린의 잎 소재, 과일 등 다양한 종류의 재료를 활용해 만들 수 있다. 보통 서양에서는 가정용 장식품으로 크리스마스 데코에 가장 많이 사용한다.

PREP-TIME

30minutes

RUN-TIME

2hours

SEASON

autumn

FLOWERS

- (A) 열매 유칼립투스 소량
- (B) 파블로 유칼립투스 소량
- (C) 어텀 유칼립투스 ½단
- (D) 에키놉스 소량
- (E) 니콜 유칼립투스 ½단
- (F) 그레빌리아 소량

TOOLS

리스 틀, 카파 와이어, 꽃가위

HOW TO MAKE

1. 두세 가지 소재를 7~13cm 길이로 짧게 잘라 미니 다발처럼 만들어 15개 정도 준비해 둔다. 준비한 미니 다발 한 묶음을 리스 틀 위에 올린다.

2. 리스 틀에 올려 둔 소재가 고정될 수 있도록 카파 와이어를 단단히 돌려 준다. 리스 틀 위에 놓는 소재는 와이어로 몇 차례 감아 가며 단단히 고정해야 소재가 말라도 모양이 흐트러지지 않는다.

3. 한 가지 소재만 넣기보다는 여러 종류의 소재를 섞어 질감에 재미를 더한다. 처음에 니콜 유칼립투스, 파블로 유칼립투스만 있었다면 그다음에는 두꺼운 열매 유칼립투스와 어텀 유칼립투스를 섞은 소재를 올려 엮어 보자.

4. 같은 방법으로 소재를 섞어 가며 엮다가 미니 다발을 다섯 개 정도 엮은 후부터는 그레빌리아를 리스 밖으로 길게 빼서 같이 엮는다. 이는 꽃꽂이와 마찬가지로 단조로운 리스에 입체감을 더해 준다. 리스의 반 이상이 초록의 소재로 뒤덮일 때까지 이 과정을 반복하다 완성된 리스를 돋보이게 할 에키놉스를 앞쪽에 도드라지게 추가하여 엮어 주면 더욱 생동감 있는 리스가 연출된다.

5. 소재로 리스의 ¾ 정도를 채웠다면 마지막 줄기가 노출되는 부분을 천으로 감싸 가린다. 이는 줄기의 끝부분을 가려 줄 뿐만 아니라 완성도가 높은 듯한 연출이 된다. 리스는 전체를 소재로 두를 수도 있고 반만 두른 후 리스 틀이 자연스럽게 노출되도록 할 수도 있으니, 고객과 충분히 상의한 후 니즈에 따라 디자인하도록 하자.

TIP

- 봄과 여름에는 유칼립투스 폴리와 니콜을, 가을에는 갈잎 소재를, 겨울에는 편백과 구름비, 전나무 등을 사용해 엮으며 사계절의 리스를 다양하게 느껴 보자.
- 원형의 리스 틀 안에서 소재를 밋밋하게 채우기보다는 잎이 틀 바깥과 안쪽으로 질서 없이 튀어나오도록 배치해야 자연스러운 연출이 가능하다.
- 드라이되는 과정에서 소재의 수분기가 빠지면 여백이 생긴다. 여기서 카파 와이어로 고정해 둔 소재들이 쉽게 풀릴 수 있기 때문에 처음 제작할 때부터 단단하게 엮어야 한다.
- 예쁘게 마르는 드라이 리스를 보고 싶다면, 다 마른 후에 헤어스프레이를 뿌려 보자. 잎사귀가 마르면서 쉽게 바스러지지 않도록 고정해 주는 효과가 있다.
- 따뜻한 방에 둘 경우, 매일 두 차례씩 물을 뿌려 주자. 생화 느낌으로 조금 더 오래 보관할 수 있다.

— PART —

6

PACKAGING

— 포장법 —

기본 포장

핸드타이드의 색감을 침해하지 않는 선에서 포장지 색감을 고르는 게 보통이지만, 요즘은 포장도 하나의 유행이 되어 화려한 포장도 많이 선호한다. 본인의 개성을 그대로 나타내 자유롭게 즐길 수 있는 시대라고 생각된다. 유럽에서는 크라프트지에 다발을 둘둘 말아 줄기 그대로 노출시켜 포장해 주곤 하는데, 국내에서도 한창 프렌치 스타일의 꽃이 유행했을 시기에는 많은 꽃집들이 이렇게 가벼운 느낌의 포장법을 많이 사용했다. 당시에는 크라프트지만큼 시크하게 꽃을 돋보이게 하는 포장이 없다고 생각했는데 지금은 워낙 화려한 방법의 포장들이 많아지다 보니 꽃의 발전에는 한계가 없다는 생각이 든다.

HOW TO MAKE

1 준비된 포일 위에 스템 티슈를 올리고 물을 충분히 흡수할 수 있도록 적셔 준다.

2 적셔진 스템 티슈가 줄기에 잘 닿을 수 있게 포일로 줄기를 감싼다.

3 지철사로 줄기 부분을 한 번 더 고정해 주면 물이 흐르는 것을 방지할 수 있다. 꼭 포일이 아니더라도 필름지, 클린백 등으로 대체할 수 있다.

4 양쪽 손바닥 너비만큼 길이를 자른 포장지를 바인딩 포인트보다 살짝 아래에서 주름을 잡으며 한 면씩 모아 꽃을 감싼다.

5 위치가 잡힌 포장지의 양쪽을 모아 위에서 아래로 누르듯이 살짝 힘을 주어 포장지와 꽃다발 사이에 유격이 안 생기게 조인다.

6 구김이 생겼을 때는 손으로 털어 주면 크라프트지 특성상 구김이 살짝 펴진다. 큰 구김 없이 모양이 잘 잡혔다면 그대로 라피안 끈으로 바인딩 포인트를 묶어 고정한다.

TIP

- 과정 1~3을 물 처리 또는 물 포장이라고 한다. 꽃다발을 포장지로 포장하기 전 줄기 밑부분에 물주머니를 만들어 주는 것인데, 꽃이 장시간 외부에 노출되면 시들 수 있기 때문에 물 포장을 해야 한다.
- 물 포장은 봉투 안에 수분으로 수증기를 만들어 온실 효과를 주는 것이지 화병의 역할을 하는 것은 아니므로, 빠른 시간 내에 화병에 옮겨 둘 수 있도록 손님께 관리 방법을 고지하는 것을 잊지 말자.

습지 +
크라프트지 포장

이전 레슨에서 기본 종이 포장을 배웠다면, 이번에는 크라프트지 포장 속에 부직포나 습지를 넣어 포장하는 방법을 배워 보자. 크라프트지 안에 속지를 덧대는 이유는 꽃을 보호함이 가장 큰 목적이고, 습지는 습도가 높은 날 공기 중의 수분을 대신 흡수해 꽃이 습지는 것을 방지하는 기능성 역할을 하기도 한다.

HOW TO MAKE

1   세 장의 속지를 준비한다. 가장 첫 번째 장은 넓게 펼쳐 바인딩 포인트를 감싸듯이 안아 양쪽으로 잡는다.

2   두 번째 장은 ⅓가량을 사선으로 접어 과정 1에서 잡은 속지의 좌측에 살짝 겹치게 배치해 감싸 준다.

3   세 번째 장은 반으로 접은 다음 손으로 주름을 만들어 핸드타이드의 중앙을 감싼다. 이때 주름을 한 올 한 올 손으로 디테일하게 잡아야 포장의 완성도가 높아진다.

4   중앙에 올린 주름진 속지는 바인드 와이어로 바인딩 포인트를 한 번 묶어 고정해 준다. 이때 주름이 한쪽으로 너무 치우치면 꽃이 파묻히고 부자연스러워 보여 답답해 보일 수 있으니 주의하자.

5   준비해 둔 크라프트지로 기본 포장과 동일하게 마무리하여 완성한다. 양쪽을 한 번에 잡으면 종이가 쉽게 구겨질 수 있으니 우측부터 차례대로 잡는다.

6   나머지 반쪽까지 손에 힘을 크게 가하지 않으며 눌러 준 후 준비해 둔 리본으로 마무리한다.

TIP

르자당에서는 기본 포장뿐 아니라 전체 포장법을 본 레슨의 포장 방법으로 통일시키고 있다. 포장법 하나만 일관되게 사용해도 꽃집의 브랜딩이 가능하니 샵의 분위기와 본인의 취향, 상권을 고려해 적절한 포장법을 사용해 주면 좋다.

겹 포장

여러 장의 필름지를 레이어드해서 꽃다발이 더욱 풍성해 보이도록 포장하는 방법을 배워 보자. 작아 보이는 꽃다발을 보다 풍성하고 화려하고 돋보이게 하여 예산 대비 풍성한 꽃다발이 필요하거나 화려해 보이는 꽃다발을 찾을 때 사용하기 좋은 포장법이다.

HOW TO MAKE

1 　다섯 장의 필름지를 준비한다. 가장 첫 번째 장은 넓게 펼쳐 핸드타이드를 감싸듯이 안고 바인딩 포인트를 잡아 눌러 준다.

2 　두 번째 장은 모서리가 하늘로 올라가게끔 포장지를 밖에서 안쪽으로 ⅓가량 접어 핸드타이드의 좌측을 감싼다.

3 　세 번째 장은 가로로 반을 접은 다음 손으로 주름을 만들어 핸드타이드의 가운데를 감싼다. 이때 주름을 한 올 한 올 손으로 구김을 주며 디테일하게 잡아야 포장의 완성도가 높아진다.

4 　중앙에 올린 주름진 속지는 지철사로 바인딩을 한 번 묶어 다음 포장에서 망가지지 않도록 고정해 주면 좋다.

5 　네 번째 장도 우측에서 안으로 ⅓가량 비틀어 접은 후 핸드타이드의 좌측에 덧댄다. 이때 접으면서 윗면을 눌러 볼륨감을 없애지 않도록 한다. 살짝 비틀어 접어 줘야 한다.

6 　다섯 번째 장 역시 과정 2와 같은 방식으로 접은 후 우측의 바인딩 부분을 감싸며 포장을 마무리한다. 다발에 어울릴만한 색감의 리본을 매치해 묶어 주며 마무리한다.

TIP

포장지 색감의 경우 특별한 요청 사항이 없을 땐 꽃의 색감이나 분위기에 맞춰 주는 게 좋다. 화이트나 연핑크색의 꽃에는 화이트 포장지를 사용해 수줍고 깨끗한 이미지를 주고, 강렬한 레드나 퍼플 계열의 진한 컬러감의 꽃에는 진회색이나 블랙톤의 포장지를 사용해 꽃에 무게감을 더해 준다.

고깔 포장

고깔 포장은 고깔모자처럼 생겨 붙여진 이름으로, 아래를 뾰족하고 길게 말아 꽃을 감싸는 포장법이다. 고깔 포장은 해바라기처럼 얼굴이 큰 꽃 한 송이를 넣어 꽃다발을 완성하거나, 장미처럼 한 종류의 꽃만 가득 잡아 포장할 때 사용하기에 좋다. 기념일, 특별한 날에는 꽃을 가득 잡아 빅사이즈로 만들면 센스 있는 포장이 완성된다.

HOW TO MAKE

1   종이를 넓게 펼친 후 한쪽 모서리에 꽃다발을 배치한다. 여기가 시작점이 된다.

2   나머지 반대편의 종이로 꽃다발을 감싸면서 돌돌 말아 준다.

3   꽃다발의 ⅔ 정도 되는 지점을 바인딩 포인트로 잡는다. 이때 바인딩 포인트를 과하게 힘을 주어 누르지 않도록 한다. 종이 특성상 쉽게 구김이 갈 수 있으니 구겨지지 않도록 조금씩 힘을 가해 잡는다.

4   구겨진 부분은 포장지 안쪽으로 손을 넣어 펴 주면서 고깔 모양을 잡고, 라피아 끈으로 세게 묶어 고정한다. 리본이 느슨하게 묶이면 포장이 제대로 되지 않고 꽃이 아래로 내려가 포장에 꽃 얼굴이 가려질 수 있으니 반드시 힘을 세게 가해 주어야 한다.

TIP

- 진한 컬러감의 꽃에는 블랙 포장을 자주 매칭하는데, 어른들의 경우 호불호가 갈릴 수 있으니 주의하자.
- 겨울철 크리스마스 시즌에는 레드 계열의 꽃이 많이 나간다. 이에 블랙 포장을 요청하는 경우가 많은데, 막상 받아보고 포장 색감을 변경하는 분들이 더러 있다. 이를 방지하기 위해 고객의 의사를 꼭 확인하거나 리본을 검은색이 아닌 다른 컬러감으로 주면 전혀 다른 느낌으로 바뀔 수 있으니 반드시 기억하자.

끝으로

책 준비를 시작한 지 벌써 사 년이 지났다. 코로나가 오기도 전에 찍어 둔 사진들이었으니 그때의 나와 지금의 나는 꽃 스타일도 마음가짐도 참 많이 변했다.

처음 책을 집필하면서 개인의 일상 이야기를 듣고 싶을까? 르자당의 성장 과정을 듣고 싶을까? 이 두 가지 주제에서 많은 고민을 했다. 에세이냐 교과서냐의 기로에서 많은 어려움이 있었던 것 같다. 결국은 오래되어도 질리지 않는 책을 만들고 싶다는 생각이 들었다.

꽃이라는 건 트렌드가 빠르게 변해 바로 지난해 찍은 사진도 예뻐 보이지 않을 때가 더러 있다. 하지만 지금의 내가 집필하고 있는 책은 시간이 지나도 곁에 두고 싶고, 오래 볼수록 더 깊이가 있는 사람과 같은 책이었으면 좋겠다. 르자당도 모두에게 오래도록 기억되는 깊이 있는 브랜드가 되길 바라 본다.

저자 박서인

평범한 회사원에서 꽃을 만지는 플로리스트의 길을 걸어온 지 15년.
프랑스어로 정원이라는 뜻을 지닌 르자당플라워는 "평범한 일상에 들어온 꽃"이라는 모티브로 아름답고 향기로운 일상을 물들이길 바라는 마음에서 시작되었다. 플라워샵은 5개의 지점으로 직영 운영 중에 있으며, 창업 성공 노하우를 위한 창업준비반 클래스를 진행하고 있다.

플라워 북
바이 르자당

1판 1쇄 발행 2024년 4월 25일

저 자 | 박서인
발 행 인 | 김길수
발 행 처 | (주) 영진닷컴
주   소 | (우)08507 서울특별시 금천구 가산디지털 1로 128
STX-V 타워 4층 401호
등   록 | 2007. 4. 27. 제16-4189호

©2024. (주)영진닷컴

ISBN | 978-89-314-6745-1

이 책에 실린 내용의 무단 전재 및 무단 복제를 금합니다.
파본이나 잘못된 도서는 구입하신 곳에서 교환해 드립니다.

YoungJin.com Y.
영진닷컴